TERRAIN MINÉ

Ouvrage dirigé par Florian Sanchez

38, rue la Condamine
75017 Paris

ISBN : 9872755609516
Dépôt légal : février 2013 - N° d'impression : 12-1368
Imprimé en France (Imprimerie Darantiere, Dijon-Quetigny)

CHÉRIF GHEMMOUR

TERRAIN MINÉ

QUAND LA POLITIQUE S'IMMISCE DANS LE FOOTBALL

Hugo Sport

Ce livre est dédié à Olivier Rey (1955-2012),
Yves Bigot, Franck Annese et Pierre-Louis Basse.

SOMMAIRE

AVANT-PROPOS

«Foot & politique»: un truisme et un oxymore… Les deux marchent évidemment ensemble dès lors que le foot est souvent le fameux «reflet» d'une société, un révélateur du feeling de l'époque, de l'air du temps. Le Brésil est enfin devenu champion du monde pour la première fois en 1958, au moment de la parenthèse démocratique (présidence Kubitschek), avec pêle-mêle: le recul des discriminations raciales (Pelé, Didi, Garrincha), l'inventivité tactique (4-2-4), l'éclosion artistique en musique (bossa nova), en 7e Art (cinéma *novo*) et en poésie, la reconquête intérieure du pays (Brasilia), la foi en l'avenir et au Progrès portés par les camionneurs, hérauts de la modernité en mouvement… L'oxymore, c'est le foot considéré politiquement comme *«guerre pacifique»*, comme le formulait Françoise Giroud (*«Le football, c'est la guerre sans morts»*). Mais le tragique de certains matchs, à des époques données (comme lors de la Guerre Froide, par exemple), a aussi validé la thèse devenue irréfutable de Pierre Bourgeade: «*Le football, c'est la guerre poursuivie par d'autres moyens*» (Gallimard-1981). Voici donc quinze matchs de clubs ou de sélections bien connus, chargés d'Histoire avec un grand H. Quinze rencontres où l'enjeu sportif importait autant que le sort ou la destinée de peuples, de pays, de cultures, de communautés religieuses ou du devenir de certains régimes politiques... Des matchs où les joueurs, instrumentalisés (très souvent à leur corps défendant), ont tout simplement cessé d'être de simples footballeurs.

RFA - France
3-3 (1-1, 5 tab 4)

8 juillet 1982
Stade Rámon Sánchez Pizjuán de Séville
(Espagne)

Demi-finale de la Coupe du Monde 1982

Quand l'inconscient collectif parle… Patrick Battiston sur *RTL*, revenant en février 2012 sur Séville 82 : «*L'Allemagne était une machine... pas de guerre. Mais plutôt un Panzer qui avance, qui avance, et qui prend tout sur son passage.*» Vous avez dit «Panzer»? Ou bien alors Vincent Duluc, dans *L'Équipe* du 8 juillet 2012, commémoratif des trente ans du même Séville 82: «*Sportivement, ce mythe accroché à une défaite, à des larmes de désespoir et à l'amertume de l'injustice avait surtout un goût fondateur de "plus jamais ça". C'est le jour où le football français a détesté la défaite.*» Outre que cette affirmation soit discutable au vu d'autres fiascos ultérieurs mémorables du foot français, le «plus jamais ça» renvoie involontairement… au vœu pacifiste de l'après-guerre de 1945! «La guerre 39-45», et plus précisément le désastre de Juin 40 ainsi que l'Occupation allemande qui va avec:

en 2012, ce traumatisme national nous hante encore. Peut-être parce que, justement, entre 1945 et aujourd'hui, il y eut ce RFA-France 1982 (que les Français persistent à appeler France-Allemagne 82 !) marqué par une défaite sportive incroyable et par l'agression impunie d'Harald Schumacher sur Patrick Battiston. Cette tragédie du 8 juillet 1982 avait engendré ce que le germaniste Jean-François Tournadre qualifiait, en 2006, de «*réalimentation d'une germanophobie qui trouvait là matière à se manifester sans complexe en dépit de la célébration officielle du "couple franco-allemand"*». Et c'est vrai qu'à l'été 1982, notre presse écrite n'y était pas allée de main morte... Jean-Pierre Lacour, du *Figaro*, le 10 juillet : «*Les Allemands n'avaient pas caché leurs intentions : imposer leur force et leur esprit de corps aux Français. Termes militaires qui expriment le doute qu'ont encore nos voisins sur le courage physique des Français en général...*» Jacques Ferran, *France Football* du 13 juillet : «*L'agression dont fut victime Battiston [...] restera comme le symbole du triomphe impuni de la violence sur le jeu, du crime sur le droit*». On croirait un réquisitoire prononcé au Procès de Nuremberg. *France Foot* titra d'ailleurs «*Justice est faite !*» à sa une, après la finale remportée par l'Italie sur la RFA (3-1)... Jacques Thibert, dans *France Football* du 2 août 1982 : «*En fait, quelques millions de Français footballeurs – dont nous sommes – ont rêvé de retrouver, l'espace d'un instant, la tête de Schumacher au bout de leur soulier. Ce n'est pas du racisme, ce n'est pas non plus un sentiment honorable, c'est loin de l'esprit sportif, c'est seulement de l'instinct bassement humain...*» «*Pourquoi nous avons perdu la troisième guerre franco-allemande*», titrera Jean Cau dans *Paris Match* du 23 juillet 1982 : «*Tout est guerre. De 1914 et de 1940. De 1982 où, pour la troisième fois en un siècle, la France rencontrait l'Allemagne dans un match capital et sur le champ de bataille de Séville. Je sais que nous dirons vite que, là, c'était du sport, mais... [...] D'un côté, l'Allemagne dans la force et la puissance de ses divisions blondes et rousses. De l'autre, la France et ses héroïques “petits” […] L’ennemi, brusquement, lança des divisions blindées et fraîches.* » Jean Cau, enfant de la guerre et de l’Occupation, comme ses confrères cités auparavant, était né un 8 juillet 1925… Le 10 juillet, le comédien Francis Huster avait écrit, dans *L’Équipe*, une *Lettre ouverte à Michel Platini*, rédigée peu après le match : « *Michel, vous avez été fantastiques. Ce pourquoi Cyrano, Molière, Jean Moulin* (sic) *en France sont morts : le panache. Contre la brute aveugle, contre la bêtise de la force, contre la masse de muscles sans failles, vous avez failli avec votre poésie, votre imagination, votre intelligence, votre finesse, votre inspiration, et tu sais quoi, Michel, votre humilité.* » Dans *Paris Match*, « Michel » s’adressera à ses « *chers compatriotes* » (sic) dans une solennelle « *lettre ouverte aux Français* ». Beaucoup de courrier et de commentaires nauséeux parvinrent au journal *L’Équipe*. On rapporte aussi qu’une inflation sensible de pneus crevés de voitures immatriculées RFA aurait sévi dans les campings français cet été-là… Juste après la rencontre, le chancelier Helmut Schmidt avait envoyé un télégramme remarquable au président François Mitterrand : « *Le jugement de Dieu qui, selon la mythologie classique, entre en jeu dans chaque combat entre deux peuples a voulu que cette chance échoie au camp allemand dans ce match. Nous sommes de tout cœur avec les Français qui méritaient d’aller de l’avant tout autant que nous.* » Mais face au ressentiment anti-allemand grandissant, les deux chefs d’État (qui avaient « fait la guerre ») durent calmer les passions en publiant ensuite un communiqué commun d’apaisement ! Vingt ans plus tôt pile, le 8 juillet 1962, Charles de Gaulle et Konrad Adenauer avaient scellé la réconciliation de la France et de l’Allemagne à Reims, occupée en 1870, dévastée en 14-18, et lieu de reddition de l’armée nazie le 30 août 1944…

Le match va débuter au Stade Sánchez Pizjuán. Il fait encore jour et la température est de 33°. Les Allemands sont en blanc-sans-retour. Qui a vu de près la tunique de Franz Beckenbauer frappée de l'aigle noir au musée personnel de Louis Nicollin comprendra la terreur blanche qu'a longtemps inspirée la *Nationalmannschaft*. Le Kaiser avait rencardé les joueurs de Jupp Derwall, entraîneur de la RFA à Séville : «*Jouez dur, les Français détestent ça.*» Au Mundial 1986, le sélectionneur Beckenbauer bouclera sèchement le dossier France après une autre demie victorieuse contre les Bleus (2-0) : «*Cette équipe ne sait pas battre l'Allemagne.*» En juin 1982, la RFA est championne d'Europe 1980, invaincue depuis quatre ans contre une équipe européenne. On a déjà oublié que dix-huit mois plus tôt, en novembre 1980, elle avait dézingué les Bleus 4-1 à Hanovre… La France, c'est la République assimilatrice, ses cousines latines, l'Empire colonial et les DOM-TOM : les «Italiens» Platini et Genghini, les «Espagnols» Hidalgo et Amoros, les pieds-noirs d'Algérie Lopez et Larios, les Antillais Trésor et Janvion, et Tigana, l'Africain du Mali. Black, Blanc et presque Beur si le cœur du regretté Omar Sahnoun ne l'avait pas lâché, en 1980. Avec son «carré magique», Hidalgo prône l'offensive… Edmund Stoiber, 71 ans, ministre-président de la Bavière de 1993 à 2007, président de la CSU de 1999 à 2007, mais aussi l'un des deux présidents du conseil administratif du FC Bayern Munich, n'a pas oublié ce match que les Allemands appellent *Die nacht von Sevilla* : «*Pour nous, cette "Nuit de Séville", c'est peut-être l'un des matchs du siècle. En face, c'était quand même la France, avec les Platini, etc. Une très grande équipe, qui nous était supérieure techniquement. Cela étant, nous avions aussi de grands joueurs ! Magath, Breitner, Rummenigge, Littbarski… Je pense que les gens voyaient les Tricolores favoris parce qu'ils avaient réalisé un parcours meilleur que le nôtre. Pour nous, c'était un Mondial étrange qui a commencé avec une défaite 2-1 face à l'Algérie, un vrai choc. Puis il y a eu ce match contre l'Autriche, et ce fameux scandale, qui fait que déjà, avant d'arriver en demi-finale, tout cela n'était pas très glorieux. Je me rappelle qu'à l'époque, tous les rendez-vous avaient été décalés pour que nous puissions regarder le match. D'ailleurs, la date de la demi-finale avait été bloquée alors qu'on ne savait pas si l'Allemagne irait en demi-finale ou non…* » Après un premier quart d'heure allemand, Littbarski ouvre le score à la 18e juste après son coup franc sur la barre. Platini égalise sur péno à la 27e (1-1), et la France se met à dérouler avec un niveau technique prodigieux : on joue fastoche en exter, tête levée. Tactiquement, c'est du football total : Trésor, Bossis ou Lopez se retrouvent souvent aux 16 mètres adverses. Didier Six, qui joue à Stuttgart, rate tout… Seconde mi-temps. La nuit est tombée et la RFA joue dur : Schumacher et Stielike sèchent Six, et Forster casse Rocheteau. Orpheline de son génial « *box to box player* », Bernd Schuster, star de l'Euro 80, qui vient de claquer la porte de la sélection à 21 ans, la Mannschaft bafouille son football. Avec Schuster, la RFA aurait cannibalisé les années 80 sans problème… Battiston entre à la 50e, il a du jus. Sept minutes plus tard, l'incident : lancé plein axe par Platini, il se présente seul face à Schumacher. Entré dans la surface, il a le temps de tirer. Mais à côté… Fallait pas rater ça : tel est le premier drame. Le second, c'est le tampon ultra violent de Schumacher qu'il se prend en pleine poire ! Pendant que Battiston gît au sol, inanimé, son agresseur moustachu au regard halluciné rumine un chewing-gum, les mâchoires crispées, attendant poings sur les hanches de reprendre le jeu. Battiston le Lorrain est évacué sur civière et l'arbitre néerlandais Charles Korver siffle un 6 mètres. Pas de jaune, pas de rouge, pas de péno… Lopez remplace Battiston, dernier changement (Genghini, matraqué, est sorti) : à l'époque, on n'a droit qu'à deux remplacements. Le jeu reprend, les Bleus dominent toujours et, à la 89e, Amoros bazarde le cuir sur la transversale de Schumacher, battu. Fin du match (1-1). Prolongation. Trésor (2-1, 92e) puis Giresse (3-1, 98e), envoient les Bleus en finale, croit-on. Mais Rummenigge entre, les Allemands passent à quatre attaquants et actionnent le rouleau compresseur. « Kalle » réduit le score (2-3) et plombe illico la bande à Platoche. La Terrible Allemagne (celle de Hanovre ?) étale son ombre blanche sur Sánchez Pizjuán. Capitaine de la RFA, Rummenigge motivait toujours ses troupes en langage très basique : « *Maintenant il faut nous battre avec la mentalité allemande. Tout donner, tout mettre dans la bataille afin d'écraser l'adversaire.* » Dont acte : Fischer égalise à la 108e (3-3). Fin de la prolongation. Pour la première fois en Coupe du monde, une qualification va se disputer aux tirs au but. Stielike rate, Six rate aussi, et Bossis échoue à son tour à 23 h 41 avant que Hrubesch n'assène le coup de grâce : le blond immense aux initiales létales HH bondit, extatique, les bras levés. La symbolique franco-allemande des « gabarits » parle d'elle-même : Hrubesch-Giresse, Kohl-Mitterrand, Bismarck-Thiers (le Prussien était un géant, le « Versaillais » était tout petit)… Thierry Roland rend l'antenne. Puis le micro encore ouvert laisse entendre la voix lointaine de Jean-Michel Larqué en détresse : « *Allô Paris ?* » En RFA, on retiendra surtout le happy end : « *Oui, ce match est vraiment l'un des matchs du siècle,* insiste à nouveau Edmund Stoiber. *Il faut dire qu'il y avait tout, absolument tout dans cette rencontre : des buts, la faute de Schumacher sur Battiston, des retournements de situation, la séance de tirs au but… Nous avions beau être menés 3-1, nous avons trouvé les ressources pour revenir alors que nous étions en prolongation. On a gagné à la fin, mais ce n'était pas une victoire brillante. En finale, les Italiens sont devenus champions du monde face à une équipe d'Allemagne qui leur était largement inférieure.* »

Du drame de Séville va naître en France une véritable mystique, condensée dans l'appellation « France-Allemagne 82 ». Littérature, chanson (souvent des histoires de lose amoureuse !), cinéma, danse, théâtre, documentaires TV : tout le monde connaît les allusions innombrables inscrites dans tous ces domaines de la création. À la base, un vieux fatalisme sportif dans lequel la nation s'est toujours complu (la France de Poulidor, de Jazy et des Verts de Glasgow 76, pour faire vite), doublé d'une manie très française de magnifier certaines défaites, les transformant parfois en (presque) victoires... Même si elle le voulait, la France n'était pas une grande nation de sport. Un complexe évident avec l'Allemagne qui, elle, gagnait sur tous les tableaux : en sport, justement, en économie et à la guerre, avec 1870, 1914 et 1940 resurgis en retour de refoulé au soir du 8 juillet. L'intensité dramatique « live » a aussi évidemment figé durablement le souvenir de ce match. C'est la première fois que l'équipe de France de foot jouait tard et en prime time en compète officielle (21 heures). Ses cinq matchs précédents de ce Mundial avaient été disputés l'après-midi. Ce RFA-France s'est déroulé un jeudi soir, un jour en semaine qui cassait les repères foot habituels (mercredi, samedi ou dimanche). Le vendredi matin, les Français étaient déphasés... Ils l'étaient d'autant plus avec la manchette de rêve à la une de *L'Équipe* : « *FABULEUX !* ». À l'époque, la rédac n'avait pas eu le temps de boucler son édition du lendemain avant la fin du match : vendredi matin, la France était donc en finale dans tous les kiosques ! Autre épisode hallucinatoire : juste après la Coupe du monde, un grand panneau 4 x 3 sur le périph' de la Défense afficha la photo sublime en noir et blanc des Bleus alignés héroïques et simplement légendée « *Francement, merci* »... Outre son scénario extraordinaire, la dilatation du temps rendit également cette rencontre my(s)thique. Commencée à la lumière du jour, elle s'acheva « au bout de la nuit », lui conférant ainsi une aura surnaturelle au passage du jour à la noirceur et de la victoire à la défaite.

Ce rite initiatique douloureux fera grandir le foot hexagonal : la France remportera un « fabuleux » Euro 1984... La défaite sportive des Bleus, c'est aussi la désillusion et l'échec politique de la gauche au pouvoir : l'utopie et le romantisme vaincus par le réalisme. Le début de l'année 1982 avait été marqué par les dernières mesures « de Progrès » (les 39 heures, nationalisations, retraite à 60 ans, loi Defferre sur la décentralisation), avec en point d'orgue le premier vol de l'Airbus A310, en avril. Terminus le 13 juin, au premier jour du Mundial espagnol, avec une dramatique dévaluation du franc ! Le Premier ministre, Pierre Mauroy, annonce dans la foulée une période de « rigueur », l'équivalent non assumé de « l'austérité » de Raymond Barre, avec gel des prix et des salaires : les Législatives de 1986 sont déjà perdues. L'été 1982 et les suivants verront arriver en masse les touristes allemands, au pouvoir d'achat boosté par le Mark fort... Dernière désillusion symbolique : le rock français. Bien partis pour concurrencer le *heavy metal* anglo-américain, Trust et Scorpions jettent en 1982 toutes leurs forces dans la bataille. Scorpions, groupe allemand positionné depuis longtemps à l'international, chante en anglais. En 1982, son album *Blackout* cartonne au point que le groupe de Hanovre peut effectuer en 1983 une tournée américaine et un passage très remarqué à l'US Festival, en Californie (350 000 personnes). En 1982, nos petits Trust de Nanterre adoubés en Angleterre sortent *Savage*, la version anglaise du puissant *Marche ou Crève*. Pas convaincant. Trust se lancera ensuite dans une énorme tournée en France (déjà conquise), plutôt que de saisir l'opportunité de jouer en première partie de Judas Priest aux États-Unis. Cette tournée française fut déficitaire... En 1982, le « modèle allemand » s'impose en tout et la France doit apprendre à conjuguer le verbe réaliste-germaniste « gérer » : bien gérer l'économie, bien gérer une carrière, bien gérer un match, «bien gérer le score»... Comme tous en conviendront des années après: Marius Trésor en 1998 («*Je me suis rendu compte qu'on avait joué comme des cons, à 3-1*»), Patrick Battiston («*On n'aurait peut-être pas dû pratiquer un football champagne à 3-1*») et Michel Platini en 2012 («*Les Allemands, c'est dur de les battre! C'était du 50-50... Ils ont gagné à la loyale, à part ce c... de gardien de but allemand*»), ainsi que Hrubesch, craqueur de Bleus: «*Je n'avais pas de pitié pour eux. Nous n'étions pas responsables. Ils n'avaient qu'à s'en prendre à eux-mêmes.*»

Dans un sondage paru dans la presse française, juste après le Mondial 1982, Schumacher arriva en tête au «hit-parade du citoyen allemand le plus détesté au monde» (sic) devant Adolf Hitler! Même l'Allemagne amplifie la curée française contre celui qui a terni l'image de marque du pays: «*On m'a traité de nazi, j'ai reçu des menaces de mort. Mes enfants ont aussi été menacés. J'en ai souffert [...] En Allemagne, j'étais devenu le petit monstre qui a failli déclencher la Troisième Guerre mondiale*», racontera-t-il au *Figaro*, en 2012. Pour faire retomber les passions, surtout en France, on organise très vite une rencontre réconciliatrice, à Metz, entre Schumacher et Battiston. «*Personne n'oubliera jamais ce choc entre Schumacher et Battiston qui a donné à cette rencontre une dimension tragique. On ne pouvait donc pas vraiment se réjouir de cette victoire allemande,* reconnaît aujourd'hui Edmund Stoiber. *Après le choc, c'est vrai que Schumacher ne s'est pas vraiment bien comporté. Heureusement, par la suite, il s'est excusé auprès de Battiston. Après le match, bien sûr qu'il y a eu des choses négatives sur l'Allemagne comme "Gestapo, SS, nazis"... Je me rappelle de* L'Équipe *qui qualifiait Schumacher de "monstre"*». Ce dernier réglera ses comptes avec son pays dans une explosive autobiographie, *Coup de sifflet* (*Anpfiff*, 1987): «*Jamais un chancelier ouest-allemand, en dépit de tous ses efforts, n'aurait pu provoquer autant de casse diplomatique que moi*», ironise-t-il. Dans son livre, Harald lâche une véritable bombe, en dénonçant la pratique du dopage en Bundesliga, notamment la prise d'éphédrine par ses coéquipiers du FC Cologne. Il révèle même que l'équipe de RFA carburait aux substances illicites au Mundial 82… Il révèle même que l'équipe de RFA aurait pris de l'éphédrine, philtre de l'agressivité, avant son match contre la France à Séville. «*La vengeance du milieu a été terrible*», déclara-t-il au *Figaro*, en février 2012. *La fédération a décidé que je ne jouerais plus pour la Mannschaft. Le FC Cologne, le club dans lequel j'avais débuté, m'a exclu… Je voulais absolument écrire ce livre alors que j'étais encore en activité. J'en avais assez d'entendre des histoires dramatiques sur un problème dont personne ne parlait. Je suis fier d'avoir été à l'origine de l'introduction des contrôles en Allemagne.*» En France, Didier Six paiera également cher pour son tir au but manqué. Faute de volontaires, Hidalgo l'avait désigné en cinquième tireur : contre sa volonté, donc, Didier s'est exécuté… mais pour botter le quatrième shoot à la suite d'un changement d'ordre soudain ! Raté. «*On m'a collé une image de perdant, qui m'a fait rater la finale de l'Euro 84 et la Coupe du Monde 86. Je me suis rendu compte, quelques années après, que j'étais un bouc émissaire. Tu t'en aperçois surtout quand tu arrêtes le foot et que tu veux rester dans ce milieu. Il y a alors des gens bien intentionnés qui te renvoient à la gueule ce genre de choses. On m'a mis tellement de bâtons dans les roues qu'elles se sont cassées à force. Mais je me suis battu.*» L'Allemagne fustigera Schumacher, son agression inadmissible et son visage de cruauté d'une «autre époque». Six continue d'expier sa faute pour ne pas avoir «vengé» Battiston et la France meurtris. Schumacher et Six ont été associés dans le malheur et à leur corps défendant, pour avoir fait resurgir un passé qu'on croyait dépassé, mettant leur deux peuples dans l'embarras.

Schumacher et Six (mais aussi Battiston) furent symboliquement et à rebours les derniers héros malheureux de la Guerre de 39-45, les trois victimes les plus éprouvées de ce drame de Séville, avant-dernière réplique des lointains séismes franco-allemands avant l'épilogue du procès Klaus Barbie, à Lyon, en 1987. Le RFA-France 82 a provoqué une résurgence du passé certes passionnelle, mais passagère. En 1982, la France en finissait d'exorciser le souvenir douloureux de la guerre avec les films *l'As des As* et *Papy fait de la Résistance*. Au cinéma, c'était pratiquement la fin d'un cycle cathartique par l'humour débuté en 1959 avec *Babette s'en va t'en guerre*. Ce premier film français à traiter de la Guerre de 39-45 sur le mode de la comédie (Papa Schultz-Francis Blanche à Babette Bardot : « *Vous serez très sévèrement fusillée tous les matins !* ») avait précédé *la Grande Vadrouille* (1969), longtemps numéro 1 au box-office du cinéma français… En 1982, une page se tournait difficilement mais elle se tournait quand même, comme semble l'indiquer également Edmund Stoiber : « *L'Allemagne et la France sont deux pays qui constituent le moteur de l'Union européenne. La politique française nous intéresse autant que celle de notre pays. Il n'y a pas une élection présidentielle ailleurs dans le monde, à part pour les États-Unis, que l'on suit ici autant que la présidentielle française. Les autres élections françaises aussi d'ailleurs. Quand on voit tout ce qui a découlé à la suite du choc Schumacher-Battiston, le communiqué commun de Helmut Schmidt et François Mitterrand relevait donc de la plus haute importance. Mais ce n'est pas un match de football qui devait remettre en cause toute la relation entre l'Allemagne et la France.* » Le 22 septembre 1984, Helmut et François se prendront la main à Douaumont. Le 14 juillet 1994, ils se retrouveront aux Champs-Élysées, où soldats français et allemands (ainsi que des chars marqués de la croix de fer) défileront ensemble. Et puis il y aura les larmes de Helmut à Notre-Dame aux obsèques de son ami François, en janvier 1996. Les footballeurs et les entraîneurs allemands viendront en France (Beckenbauer, Völler, Littbarski, Allofs, Klinsmann), le sympathique Gernot Rohr étant même devenu un Français comme les autres.

Lizarazu, Sagnol, Micoud, Djorkaeff et bien sûr Ribéry feront les beaux jours des grands clubs de Bundesliga. Le binôme F1 à succès Jean Todt & Michael Schumacher (le bon Schumacher !) rapprochera les sportifs des deux pays. Les jumelages municipaux, l'allemand LV1, Claudia Schiffer, Tokio Hotel, Arte et Erasmus ont (presque) aboli les frontières. On attend toujours de retrouver la France et l'Allemagne en compète officielle, le dernier affrontement remontant au Mundial mexicain 1986. Du temps de la RFA…

Italie – Tchécoslovaquie
2-1 a.p. (1-1)

10 juin 1934
Stade du Parti national fasciste de Rome (Italie)

Finale de la Coupe du Monde 1934

On ne sait pas bien si c'est Benito (Benoît) ou bien le grand Duce… Tout ça à cause de son habit blanc d'amiral d'opérette et de sa casquette de yachtman à la Fairbanks. Il fait 40° sous le soleil de plomb, ce dimanche 10 juin. Le Premier Sportif d'Italie (*Primo Sportivo d'Italia*) n'est que bouffonnerie : même les saluts romains qu'il envoie à tout bout de champ n'ont pas la raideur des dictatures implacables. Pourtant, le décorum est bien totalitaire. C'est le grand stade du Parti national fasciste de Rome qui accueille la *finalissima* opposant l'Italie à la Tchécoslovaquie. Une mosaïque sertie dans le béton du *stadio* lui est dédicacée : « *Duce, a noi* ». Dans la tribune latérale a été érigé un immense podium tendu de noir et orné du faisceau romain. Le promontoire solennel, d'où Mussolini peut voir et être bien vu par le public écrasé de chaleur indique aux réalisateurs aux ordres que le spectacle est autant sur la pelouse que dans la tribune d'honneur. Alors ils filmeront à la fois le match au niveau du terrain et vers le «firmament» où préside le Premier des Italiens. Jean-Luc Godard affirmait que le travelling est une affaire de morale. La contre-plongée en est une autre. La première affiche de cette Coupe du Monde 1934 placardée aux murs des grandes villes italiennes figurait justement en contre-plongée vertigineuse un footballeur à la droiture martiale figé sur un piédestal et effectuant le salut fasciste. L'affiche officielle, moins écrasante, proposera un joueur de la *Squadra* tout aussi raidi, shootant dans un ballon, devant un bandeau constitué des drapeaux des pays participants.

Les dictatures modernes ont d'abord annexé l'image et le son pour domestiquer les peuples. Cinéma et sono: Mussolini en raffole, lui qui fait filmer sa geste glorieuse au quotidien et qui sait tenir en haleine, devant un micro puissant planté sur les hauteurs des hôtels de ville, les foules de Milan, Naples, Florence, Turin... Mussolini aime les masses, plutôt que le peuple qui oblige au contact. Les foules des stades égalent celles des meetings du Parti. Et dans l'enceinte sportive de Rome, il est dans son élément; 45 000 spectateurs entonnent à son adresse *Giovinezza* («Jeunesse»), qui est, depuis 1924, le chant officiel du Parti et de l'armée ainsi que l'hymne national non officiel de l'Italie: «*Jeunesse, jeunesse/ Printemps de beauté/ Dans la vie âpre ton chant résonne/ Et s'en va*»... L'équipe tchécoslovaque pénètre d'abord sur la pelouse et salue le public, bras tendu, amical. La *Squadra* arrive ensuite. Les joueurs s'alignent puis exécutent un vrai salut fasciste au public et au Duce. Le trio arbitral fait de même, soumis au même salut romain imposé à tous les arbitres. *Duce imperator*. Retour à la Rome Antique, à César et aux gladiateurs. La Coupe du Monde 1934, ou les Jeux du Cirque revisités: *Ave Duce, morituri te salutant*...

Ce n'est pas sans émotion qu'on visionne aujourd'hui les rares images trop blanchies d'une finale de Coupe du monde vieille de presque un siècle… Elles confirment l'âpreté souvent racontée d'un match de plus de deux heures, tendu, haché, et joué au soleil d'un torride après-midi romain. Le score demeure vierge longtemps, avant que le Tchécoslovaque Antonin Puc n'ouvre la marque à la 70e minute. Dans la tribune, Mussolini toujours debout est agité de tics nerveux. Même inquiétude « en bas » : le coach italien Vittorio Pozzo, auparavant debout sur la ligne de touche, est carrément allé se planter derrière la ligne des 6 mètres à quelques pas du but adverse gardé par František Plánička ! Fébrile, le bon vieux Pozzo attend que le miracle se produise enfin… Les minutes filent… Et puis l'*oriundo* Raimundo Orsi finit par égaliser d'un but splendide en pivot, plaçant une mine du point de péno dans la lucarne opposée. Le stade explose ! On jouait la 82e minute. Mussolini, rassuré, applaudit et fanfaronne, tandis que Vittorio exulte comme un brave *tifoso* lors d'un derby milanais ! Sans l'entendre, on croit percevoir le soutien massif du public italien survolté qui a galvanisé les siens tout au long de leur parcours difficile, « *I… TA… LIA !… I… TA… LIA !* » La partie s'achève sur le score de 1-1. Il va falloir jouer la prolongation… Tout se passera beaucoup mieux pour la *Squadra* qui l'emporte très vite, à la 95e, grâce à Angelo Schiavio qui, d'une frappe splendide, de très près « fusille » au sens littéral le pauvre Plánička. Les Tchécoslovaques ont tiré trois fois sur les barres… L'Italie a gagné, Mussolini aussi : la foule lui dédie à nouveau *Giovinezza* et les joueurs l'honorent en le saluant. Jules Rimet peut être satisfait lui aussi. Le président de la Fifa, relégué derrière Mussolini, dans la tribune d'honneur, a bien été symboliquement éclipsé par le grand dictateur tout au long de la compétition. Mais avec son consentement très manœuvrier : la collaboration entre Fifa et Italie fasciste s'est conclue sur un ticket gagnant-gagnant. La toute jeune Coupe du monde a été pérennisée, et les bénéfices enregistrés par l'édition de 1934 ont grandement financé le budget de la Fifa. Sans être philo-fasciste, Jules Rimet a concédé une habile allégeance au Duce et à son régime, parfaits organisateurs de la Coupe du monde, son bébé. Quitte à fermer les yeux sur la « politisation » de l'événement… En plus de la Coupe Rimet, statuette dorée de la Victoire, la *Squadra* remporte également la *Coppa del Duce*. Trophée totalitaire. Lourd, immense, pompier (une vasque surmonte des footballeurs statufiés en action). Ils sont six joueurs italiens à devoir porter le bronze forgé de la victoire. La symbolique des trophées (petit objet Fifa, énorme machin fasciste) rejoint une autre symbolique, prémonitoire, celle du podium : Italie, Tchécoslovaquie… et Allemagne. Plutôt Allemagne nazie, et son onze glacé au garde-à-vous, bras tendu agressif, rangé derrière son drapeau frappé de la croix gammée. L'Italie a triomphé de la Tchécoslovaquie et l'Allemagne a décroché la troisième place en battant l'Autriche (3-2). Deux dictatures ont vaincu deux démocraties… Dans quatre jours, Mussolini rencontrera Hitler à Venise. Dans deux ans, les JO de Berlin prendront pour modèle ce Mondial 1934 pour porter encore plus loin l'instrumentalisation politique du sport. Il faut dire que le Führer pourra compter sur Leni Riefenstahl…

Benito Mussolini a donc réussi son coup. Comme prévu ? Pas si simple, comme le souligne l'historien du football, Paul Dietschy, fin connaisseur du football italien… Un flot de circonstances favorables, voire fortuites, d'habile opportunisme, mais aussi d'abnégation sportive de la *Squadra* a concouru à ce triomphe romain. D'abord, le Duce n'est pas très foot. « *Mussolini était partiellement amateur de foot.*

Il allait au stade de Rome avec ses deux fils, Bruno et Vittorio, aux matchs de la Roma ou de la Lazio. Mais en revanche, il voulait diffuser l'image d'un sportif. Le CONI lui avait décerné le titre de "Premier Sportif d'Italie". Il se montrait en train de nager, de monter à cheval alors qu'il faisait très mal les deux, de conduire des voitures de course, de piloter un avion. Il n'était pas vraiment un passionné de foot, pour lequel il avait un intérêt moyen. » Et puis ce sport « anglais » n'a pas trop non plus les faveurs du régime : « *Le parti mussolinien ne considérait pas le foot comme un sport fasciste. Le régime a même voulu créer un sport authentiquement fasciste, la* volata, *mélange de foot, rugby et volley-ball, expérimenté entre 1926 et 1931. Le foot n'apparaissait pas digne d'être un grand sport collectif de la nouvelle Italie fasciste. D'autres sports ont été privilégiés, notamment par Turati, un des secrétaires du PFI (Parti fasciste italien) : le rugby pour les élites, avec l'aide d'entraîneurs français. Le football était mal vu et suscitait la méfiance du régime à cause des violences parfois très graves entre supporters, des affaires de corruption, et à cause aussi du professionnalisme rampant. Cela dit, il y avait aussi des chefs fascistes impliqués dans le foot, comme Leandro Arpinati à Bologne, président du club de Bologne. Finalement, à partir des années 30, le régime s'intéresse au football parce que c'est un moyen de mobilisation des masses et que ça permet de faire vivre les nombreux stades omnisports construits dès la fin des années 20 ! Les stades de Bologne, en 1927, de Florence, en 1932, et de Turin, en 1933, n'ont pas été construits spécifiquement pour la Coupe du monde. Et il y aura ensuite, bien sûr, l'affirmation internationale par le foot grâce aux trois titres mondiaux des Coupes du Monde 1934 et 1938, ainsi que la médaille d'or aux Jeux olympiques 1936 à Berlin.* »

La Coupe du monde italienne n'est donc pas née dans un enthousiasme spontané. Heureusement pour le régime, des hommes de l'ombre vont mettre en branle ce projet mal parti. Dès le printemps 1931, la Federazione Italiana Giuoco Calcio (FIGC, l'Italie ignore le mot « football », terme anglais, et lui préfère le mot *calcio*, sans doute en souvenir du *calcio Fiorentino*, autre ancêtre homologué du football moderne) concourt activement pour que l'Italie organise la Coupe du Monde 34. Sous la houlette de Leandro Arpinati, justement, devenu président de la fédé italienne, et de son zélé secrétaire Giuseppe Zanetti, ainsi que de Giovanni Mauro, délégué italien auprès de la Fifa, l'Italie obtient d'abord l'organisation du Mondial de foot en 1932. Coup de pot ! Les candidatures hongroise, espagnole puis suédoise se sont effacées du fait, entre autres, de la situation économique difficile qui a suivi la Crise de 1929. L'Italie a apporté, pour sa part, toutes les garanties financières. Il ne reste plus qu'à convaincre le grand Chef, toujours pas accroc à ce tournoi. Dès janvier 1934, Vaccaro envoie une lettre au Duce pour le persuader que la Coupe du monde est digne «*en tout point d'une Olympiade et, du point de vue de l'attention et de la passion de masse [...] peut-être supérieure à cette même Olympiade*». Bien vu ! Mais toujours pas assez probant aux yeux de Mussolini. «*Il faut imaginer une compétition qui vient juste de naître : c'est un championnat du monde, et pas la grande Coupe du monde comme on la connaît aujourd'hui. En 1930, c'était la première édition, un "championnat d'Amérique", en fait. Le grand événement n'était pas encore parfaitement identifié dans le calendrier. Dans les archives italiennes, à Rome, on voit que Mussolini ne s'intéresse pas beaucoup à ce Mondial de football : on lui propose de faire émettre les timbres de la Coupe du monde ou bien de promouvoir la Coppa del Duce, ça ne l'intéresse pas beaucoup. Il refuse même au départ d'accorder à la Fifa, pour son Congrès, en mai 1934, un des salons du Capitole de Rome, ce monument si symbolique. Et puis, enfin, le grand événement sportif mondial, c'est les Jeux olympiques. C'est en fait lorsque la compétition commence que Mussolini voit qu'il y a un profit à tirer de cette Coupe du monde parce qu'il y a beaucoup de journalistes étrangers, beaucoup de touristes, de supporters : 15 000 Français vont voir l'équipe de France à Turin, il y a des Hollandais, des Allemands. Et puis l'équipe d'Italie est compétitive. C'est avec la compétition qui commence qu'il se rend compte de l'opportunité à saisir.* » Et la compétition commence, d'abord, le 25 mars 1934, par un match de qualification contre la Grèce, le pays organisateur n'étant pas qualifié d'office à l'époque. La nette victoire 4-0 acquise devant un public en délire convainc définitivement un Duce toujours présent aux matchs de la *Squadra*. Ce succès l'a peut-être rassuré, après qu'il a été refroidi, comme tous les *tifosi*, par la défaite italienne subie en février, à Turin, contre l'Autriche (2-4). De plus, les stades magnifiques existent déjà, autant les remplir… En mai, Mussolini confie à Galeazzo Ciano, sous-secrétaire chargé de la propagande, le soin de faire le buzz dans la presse et à la radio autour de la Coupe du monde. Le Premier Sportif d'Italie suivra tous les matchs de sa *Squadra*.

Le 27 mai sonne : la *Coppa del mondo* démarre. Coup de pot ! L'Angleterre snobe toujours la Fifa et n'envoie donc pas sa sélection, a priori supérieure à toutes. Mieux ! La grande équipe d'Uruguay championne du monde de la première édition de 1930 (et médaillée d'or des JO de 1924 et 1928) n'est pas là. Elle a zappé le Mondial 34 par mesure de rétorsion contre l'Italie, qui n'avait pas voulu participer à « sa » Coupe du monde à Montevideo… Reste que le plateau est très, très relevé : Argentine, Espagne, Hongrie, Tchécoslovaquie, et surtout la *Wunderteam* autrichienne, sont les adversaires de choix offerts à la *Squadra*. Heureusement, à sa tête, elle a le bon vieux « Vittorio » (Victor, Victoire, Victorieux). Vittorio Pozzo a emmené une présélection de 30 joueurs qu'il prépare à la montagne, à la dure, tel un bataillon prêt à mourir au combat. Car le style de la *Squadra* s'inscrit plus en mode combattant, justement, que par la virtuosité viennoise des Autrichiens : défense de fer, milieu costaud et avants létaux rompus aux contre-attaques assassines. Cette *Squadra* joue dur, à l'image du demi-centre Luis Monti, casseur attitré, sans doute à l'origine de l'expression qui fera florès dans les années 60, «boucher italo-argentin». Car Monti est un *rimpatriato*, comme Raimundo Orsi et Enrique Guaita... Les *rimpatriati* (les «rapatriés») font allusion aux fils d'immigrés italiens nés en Argentine venus combattre pour l'Italie lors de la Première Guerre mondiale. Les joueurs sud-américains qui retournent en Italie dans les années 20 et 30 étaient aussi appelés ainsi. Dans l'Italie fasciste, ils avaient de fait la double nationalité et échappaient à la naturalisation. Ces binationaux italo-sud-américains, encore appelés *oriundi*, feront souvent la gloire de la *Squadra*, de Monti (qui jouera en 1934 sa deuxième finale après celle de 1930 avec l'Argentine) à Mauro Camoranesi (Italo-Argentin aussi, vainqueur avec l'Italie du Mondial 2006). Aux mauvaises langues qui dénoncent l'enrôlement déloyal des *rimpatriati* au sein de la *Squadra*, Vittorio leur opposera une tirade demeurée célèbre : «*S'ils sont bons pour revêtir l'uniforme et se faire tuer pour l'Italie sur les champs de bataille, il sont bons pour défendre nos couleurs sur les terrains pacifiques du sport.*»

Et la *Squadra* débute enfin. Mais sur des terrains pas toujours «pacifiques»... Après un premier tour expédié 7-1 face aux États-Unis, l'Italie affronte en quarts une Espagne redoutée. Le 31 mai, au Stade Berta de Florence de style mussolinien, construit par l'architecte futuriste Nervi, la *Squadra*, menée 1-0, tremble et peine face à la résistance teigneuse d'Ibériques bien organisés. Le jeu est d'une rare violence, les blessés sont légion. Pizziolo, milieu de la Fiorentina, a la jambe fracturée. Score final : 1-1. Il faut rejouer dès le lendemain ! Quatre joueurs italiens et sept joueurs espagnols ne peuvent prendre part à la seconde partie. La *Nazionale* l'emporte dans la douleur 1-0, sur un but de la tête de Meazza à la 19ᵉ. L'Espagne se plaindra des violences et de l'antijeu italiens, Monti s'étant particulièrement illustré. L'arbitrage du Suisse René Mercet est mis en cause. Mais la *Squadra* est passée… La demi-finale du 3 juin à Milan convoque une nouvelle fois l'Italie et l'Autriche de l'artiste Matthias Sindelar, adversaires quatre mois plus tôt. Le pronostic est indécis, mais le sélectionneur autrichien Hugo Meisl déclare, avant la rencontre : « *Je crains l'Italie mais je crains encore plus l'arbitre.* » Dont acte : Guaita marquera sur un but litigieux grâce au choc provoqué par Meazza, qui gêne le gardien Platzer (1-0). Les « tricheries » italiennes, et donc l'arbitrage « complaisant » qui les autorise, seront encore remis sur le tapis après la finale qui suivra. L'arbitrage d'Italie-Tchécoslovaquie du Suédois Ivan Eklind sera pourtant jugé correct. Ce qui ne fut pas l'avis des perdants. Le capitaine tchécoslovaque František Plánička déclarera plus tard : « *On nous a volé la victoire. L'ambiance dans le stade du parti était tendue. L'arbitre M. Eklind s'est rendu dans la loge de Mussolini. Nous ne savons pas ce qui a été dit mais nous nous en doutons. L'arbitre siffla des enchaînements corrects de notre équipe et ferma les yeux généreusement sur des fautes graves de l'équipe italienne.* » Idem pour son coéquipier et meilleur buteur de la compète (5 buts), Oldrich Nejedly, accusateur d'Eklind : « *Cet homme n'était absolument pas impartial.* » Ce soupçon récurrent de favoritisme a fait s'interroger avec humour Paul Dietschy à propos d'une « certaine suggestion » dont furent frappés les arbitres qui avaient dirigé les matchs de l'Italie : « *Il faut imaginer les arbitres évoluer dans un régime italien très policier. Ils arbitrent devant Mussolini – à qui ils adressent le salut romain – avec toute la déférence due au régime fasciste : ils sont mis en condition… Ils sont très bien reçus, logés dans des bons hôtels et ne veulent pas, quelque part, décevoir leurs hôtes. Ce que la presse, surtout française, reproche à l'équipe d'Italie, c'est de jouer dur. Les arbitres oublient un peu ces "écarts". Enfin, quand vous ressentez cette pression presque "physique" de 40 000 Italiens qui hurlent dans un stade où il y a le Duce, il faut du caractère pour rester vraiment serein et impartial...* » Les Tchécoslovaques furent confortés dans leur opinion : après la finale, Ivan Eklind sera suspendu à vie par sa fédération... puis rétabli dans ses fonctions.

La victoire de 1934 a été le premier point d'orgue d'une politique d'État lancée, dès 1925, par le régime fasciste pour développer le sport et l'encadrer. Aux JO de 1932, à Los Angeles, l'Italie avait fini deuxième au classement des nations, derrière les États-Unis, un succès à la gloire du Parti largement valorisé au pays... Selon l'historien italien du fascisme, Renzo de Felice, les années 1929-1934 auraient constitué la période au cours de laquelle le régime mussolinien aurait bénéficié du soutien d'une majorité d'Italiens, comme le relève Paul Dietschy, qui met aussi en exergue la dimension internationale encore favorable acquise par le Duce : «*En 1934, Mussolini est l'allié potentiel des démocraties contre Hitler. Le Mussolini de 1934 n'est pas celui de 1938. En 1934, il est encore très bien vu en France.* » Les succès sportifs italiens rendent aussi un peu de fierté à l'Italie, perdante diplomatique des différents traités ultérieurs à la Guerre de 14-18, alors qu'elle figurait dans le camp des vainqueurs. La portée paradoxale de ces succès marquants et durables (la médaille d'or de Berlin 36 et la victoire au Mondial 38 validant après coup le triomphe de 1934) assure le prestige de l'Italie fasciste... comme elle imprimera aussi des étapes nouvelles et symboliques dans la poursuite de l'Unité italienne jamais tout à fait achevée. Benito Mussolini est né en 1883, soit douze ans seulement après l'unification officielle de l'Italie moderne (1871)... Aujourd'hui même, les quatre étoiles brodées sur le maillot de la *Nazionale* (1934, 1938, 1982 et 2006) sont des références fédératrices bien partagées dans un pays où le Nord tourne toujours le dos au Mezzogiorno. Un saut chronologique appuyé met en évidence le parallèle obligé entre Benito Mussolini et Silvio Berlusconi dans leur même volonté d'avoir instrumentalisé directement ou indirectement le sport, le football surtout, à leurs fins politiques. Paul Dietschy s'y colle : « *Le football tel qu'il fut utilisé par Mussolini fut un vecteur de modernité. C'est le jeu de la modernité industrielle anglaise. La façon dont la Coupe du Monde 1934 fut organisée a montré la modernité de l'Italie : des stades innovants, des moyens de télécommunication et des transports fonctionnant très bien. Ça donnait l'image d'une Italie urbaine et moderne. L'AC Milan de Berlusconi offrait aussi une dimension moderne : le club* rossonero *représentait une rupture dans le jeu italien, avec un jeu d'attaque et un système tactique révolutionnaire élaboré par Arrigo Sacchi. Le Milan AC fut aussi le premier club italien à avoir aligné des joueurs de couleur (Gullit et Rijkaard), alors que jusque-là les joueurs noirs n'étaient pas particulièrement recherchés par les clubs transalpins. Le club représentait également la ville de Milan, une ville internationale, dynamique, arrimée à l'Europe de l'Ouest. S'il y avait un point commun à établir entre Mussolini et Berlusconi, ce serait donc celui de la modernité. La grande différence, c'est que pour Mussolini, les grands sports qui devaient faire sa propagande étaient les sports mécaniques ou la boxe, alors que pour Berlusconi, c'est le football, qu'il a très largement utilisé. L'utilisation du sport par Mussolini est faite pour construire un "homme nouveau", pour la propagande, etc. Mais ce n'est pas ce qui lui a donné le pouvoir ! Alors que Berlusconi, lorsqu'il est entré en politique pour conquérir le pouvoir, a beaucoup utilisé les "Milan clubs", tout le réseau de clubs de supporters, pour adosser à ces réseaux des antennes de Forza Italia, son parti. Dans le discours politique, il a utilisé le langage des ultras, comme si on avait en France un parti qui s'appellerait « Allez les Bleus ! » Il a aussi utilisé ce langage politique qui venait des stades ; là est aussi la grande différence entre Mussolini et Berlusconi.* »

Flash-back… 11 juillet 1982. Finale de la Coupe du monde Italie-RFA au stade Santiago Bernabéu de Madrid. Altobelli marque, à la 80e minute, le but du 3-0 qui enfonce la bande de Breitner. Dans la tribune d'honneur, un petit vieux aux cheveux blancs danse une gigue juvénile en applaudissant les siens devant le roi Juan Carlos et les VIP médusés. C'est Sandro Pertini, le président socialiste de la République italienne ! Il a 86 ans et un passé courageux de militant socialiste antifasciste… Dans l'avion présidentiel qui ramènera la *Squadra* à Rome, le bon vieux Sandro tapera la belotte, cartes à la main, avec deux *Azzurri*, le capitaine Dino Zoff et Franco Causio, ainsi qu'avec le coach Enzo Bearzot. Sur la petite table de jeu, ils ont posé presque négligemment la statuette dorée de la Coupe du monde. L'Italie qu'on préfère…

Celtic Glasgow – Glasgow Rangers : 1-0 a.p. (0-0)

10 mai 1980
Hampden Park de Glasgow (Écosse)

Finale de la Coupe d'Écosse

« *Where are the police ?... Where are the police ?* » (« *Où est la police ?* »). Le célèbre commentateur de la *BBC* Archie McPherson est inquiet : depuis un quart d'heure, la pelouse du Hampden Park s'est transformée en champ de bataille entre supporters du Celtic et des Rangers... Danny McGrain et ses coéquipiers étaient montés à la tribune d'honneur pour recevoir et exhiber la Cup quand, en bas, les Celtic Fans déferlaient de plus belle sur la pelouse. Les joueurs des Rangers attendent, peu rassurés, de monter chercher leur médaille : les Celtic Fans agressifs sont à 20 mètres à peine. Des supporters des Rangers, provoqués par ceux d'en face, descendent à leur tour et chargent. La police est débordée. Comme habituellement, les forces de l'ordre ont quitté l'enceinte de Hampden, vers la fin du match, pour prévenir tous troubles dans le quartier avoisinant. Sauf que c'est dans le stade que cela dégénère. Des travées, des fumées éparses montent au ciel. Des remous parcourent les tribunes encore pleines, virage bleu couvert et virage vert vertigineux à ciel ouvert tacheté de drapeaux irlandais d'où montent les hymnes des *Celts*. Les supporters se fritent sur la pelouse sous les jets de briques, de bouteilles ou de bouts de bois. Quatre pauvres cavaliers de la police montée chargent en vain avec de longues matraques blanches. « *On se croirait dans une scène d'*Apocalypse Now… *Ces supporters ne sont que haine les uns pour les autres* », hallucine Archie McPherson. Nouvelle charge des Celtic Fans sur la pelouse jonchée de projectiles. Une vraie bataille rangée. Le football des origines : britannique, moyenâgeux, guerrier. Un pré, deux armées, des chants, des cris de guerre, du sang. Et beaucoup d'alcool. Bleus contre Verts. Les *scottish clans*…

Le but des Rangers est un petit sanctuaire de filets protégé par des « cops » où des supporters en bleu se font soigner au milieu des civières. Contre le blanc poteau de but, un père réconforte son grand fils en pleurs, prostré. Le chaos est à quelques mètres. L'horreur du Heysel prend date. Le 2 janvier 1971, un autre *Old Firm* à Ibrox Park s'était achevé par une bousculade tragique qui s'était soldée par 66 morts… Tout s'était pourtant bien déroulé quelques heures plus tôt, cet après-midi ensoleillé de mai balayé par une petite brise marine. Au Hampden Park, stade neutre des finales de coupes nationales et de l'équipe d'Écosse de foot, l'alcool qui coule à flots n'avait pas encore fait dégénérer les chants superbes en slogans assassins. Pas d'incidents dans les tribunes, ni sur le terrain. Jeu correct et plaisant, très disputé mais sans agressivité. Bleus Rangers contre Celtic, toujours sans numéro dans le dos, pour ne pas « corrompre » leurs fameuses rayures bicolores sacrées. Quelques flics autour de la pelouse. La lutte est indécise, passionnante, interminable : 0-0 au soleil et prolongation.

George McCluskey marque à la 115e minute : 1-0. La Cup ira au Celtic. Fin du match : ses fans escaladent la barrière et descendent sur la pelouse. Et puis le chaos indescriptible. Il s'achèvera plus tard par les charges de cavaliers appelés en renfort qui feront refluer les bastonneurs des deux camps dans leurs tribunes respectives. Bilan miraculeux : aucun mort, beaucoup de blessés et 200 arrestations. Dans la foulée, le Parlement écossais votera une loi interdisant la vente d'alcool dans les stades. Prohibition aujourd'hui hypocritement contournée : pour le prix d'un billet VIP, les supporters ont accès à des lounge, bars grand luxe où ils peuvent consommer tout ce qu'ils veulent… Très éprouvé, Archie McPherson a rendu l'antenne en s'excusant « *auprès des enfants qui ont vu ces images terribles en direct* ».

Quand Kevin McCarra m'a suggéré cet *Old Firm* de mai 1980 pour illustrer la rivalité d'un des derbys les plus fameux de la footosphère, il s'est montré exigeant : « *Ne m'envoie pas trop de questions. Le* Old Firm *est un vieux truc ennuyeux, ressassé génération après génération. Dans mon livre sur le Celtic, j'ai moi-même essayé d'éviter qu'il soit plombé par ces histoires d'*Old Firm… *Je serais très heureux s'il existait carrément une possibilité que Rangers et Celtic ne se rencontrent plus à nouveau. Les matchs de coupes d'Europe sont tellement plus passionnants.* » Se définissant comme supporter du Celtic non sectaire, ayant des amis suiveurs d'autres clubs y compris des Rangers, Kevin a sorti un livre, en 2012, *Celtic : une biographie en neuf vies* (Faber). À 54 ans, cet ancien correspondant football du *Guardian* est retourné l'année dernière vivre à Glasgow et, comme pour beaucoup de fanas de foot, les deux dernières saisons écossaises lui ont été éprouvantes, avec la recrudescence dramatique des tensions Celtic-Rangers, puis avec la relégation historique des Rangers en D4 pour faillite frauduleuse, le 13 juillet 2012. Mais d'abord un peu d'histoire…

Le *Old Firm* c'est, depuis 1888, le derby de Glasgow entre le Rangers Football Club (dit « Glasgow Rangers ») et le Celtic Football Club (dit « Celtic Glasgow »). Celtic-Rangers, c'était d'ailleurs le premier match du Celtic. La dénomination *Old Firm* viendrait d'un article de presse local évoquant ce premier match à l'atmosphère détendue entre joueurs des deux formations (« *old firm friends* »). Une autre explication est plus mercantile : ce clash faisait toujours recette et générait de substantiels profits. Après tout, une *firm*, en anglais, c'est une entreprise, une société, une firme : bref, un business. On soupçonne même les deux clubs d'avoir alimenté le buzz lucratif autour de ce derby au sommet qui les verra cannibaliser le foot écossais avec 97 titres de champion national à eux deux. Globalement, les Rangers sont le club de la communauté protestante, fidèle à la couronne d'Angleterre. Le Celtic rassemble plutôt la communauté catholique de la ville, souvent des Écossais d'origine irlandaise (les *irish Scots*). Des Irlandais arrivés à la grande immigration en Écosse, au XIXe siècle. Citoyens de seconde zone, écrasés par la misère sociale, ces immigrants provoquent illico la xénophobie *anti-Irish* des vrais Écossais. Le « Celtic Glasgow » a donc été fondé, en 1887, afin de secourir tous ces migrants, précisément par les bons offices du frère Walfrid Kerins, prêtre irlandais de l'ordre très catho des Maristes. Jusqu'aujourd'hui, la diaspora irlandaise éparpillée de par le monde affiche fidèlement son soutien au Celtic, son trèfle à quatre feuilles vert sur fond blanc et aux trois couleurs de l'Érin, vert-blanc-orange. Cette affirmation identitaire se renforce au fur et à mesure que le Celtic devient rapidement l'un des meilleurs clubs écossais. Une ascension mal vue par les Rangers : le Celtic devient l'ennemi. Par extension, pendant longtemps, une règle non écrite chez les Rangers « interdira » le recrutement de joueurs catholiques.

Au Celtic, on enrôlera tôt des footballeurs de n'importe quelle confession, comme le souligne Kevin McCarra (« *Dès la fin des années 1880, le Celtic étant trop ambitieux pour s'imposer ce genre de restrictions* »). Certaines des légendes vert et blanc sont protestantes, comme Kenny Dalglish, Danny McGrain, et surtout le mythique Jock Stein (coach du Celtic puis de l'Écosse, Unioniste de surcroît mais de grande tolérance).

Les premiers incidents entre « Marines et Verts » datent de 1909, lors d'une rencontre à Hampden Park. Les rivalités s'exacerbent dans les années 1910, lorsque l'Irlande commence à avoir des velléités d'indépendance. En sus des clivages religieux indissociables de l'histoire de la nation écossaise depuis la Réforme (XVIe siècle), qui prédestinaient le *Old Firm* à l'affrontement confessionnel, la rivalité interclubs va prendre une dimension politique avec l'importation du conflit nord-irlandais. Dès lors, les positions se figent et les haines s'aiguiseront jusqu'aujourd'hui. On parle là-bas du *Glasgow sectarianism*, ce « sectarisme dur », parfois meurtrier, dont le foot est l'un des catalyseurs actifs. En gros, le Celtic serait plutôt ancré à gauche, « socialiste », comme en témoignera plus tard le *You'll never walk alone*, un des hymnes du club à la dimension ouvriériste méconnue. En face, les Rangers, club presbytérien des *native Scots*, conservateurs « vieille Écosse ». Drapeaux écossais et *Union Jack* à Ibrox Park pour les Rangers, drapeaux irlandais pour le Celtic à Celtic Park. Les *Bhoys* du Celtic sont insultés par les *Gers*, qui les traitent depuis toujours de *bigots* ou de *popists* (cathos, papistes). La guerre civile en Ulster radicalisera certaines factions rivales des deux clubs. Par extension, les chants de soutien des supporters du Celtic comme *The Fields of Athenry*, l'hymne des républicains irlandais, les feront assimiler à des supporters pro-IRA. Dans le camp d'en face, *The Billy Boys*, chant traditionnel anti-Celtic et pousse-au-crime (« *We belong to Glasgow we're Orange and we're true/ Scotland is our countree our colours white and blue/ We're Protestants and proud of it/ We're known near and far Glasgow Billy Boys they call us* »), entretient depuis longtemps le soupçon autour de certains supporters *Orangemen* aux sympathies UVF supposées (Ulster Volunteer Force, paramilitaires luttant contre l'IRA). Depuis 2008, la frange dure des supporters de Ibrox entonne régulièrement *The Famine Song*, chant horrible évoquant la tragédie irlandaise de la Grande Famine (1845-1852), qui vit l'île perdre la moitié de sa population.

Pendant longtemps, la rivalité féroce a raréfié les transferts de joueurs entre les deux clubs avant la Guerre de 1939-1945. Ensuite, après le passage de Alfie Conn des Rangers au Celtic, en 1974, Mo Johnston, catholique, sera le second « Celtic » à passer chez les *Gers*, en 1989. Son arrivée rendra caduque le *Why don't Rangers hire a Catholic ?*, le boogie-punk pro-Celtic des Bollock Brothers (1980, label *Glasgow Celtic* !). Johnston, devenu le Salman Rushdie écossais en mécontentant les supporters des deux camps, abrégera son passage chez les Bleus (deux saisons). Après Mo Johnston, d'autres joueurs étrangers banaliseront la venue de catholiques aux Rangers. En 1999, Lorenzo Amoruso devint le premier capitaine catholique des Rangers. Il y a quand même des codes à respecter : notre Basile Boli, catho cool arrivé aux Rangers lui aussi en 1994-1995, sera prié de ne plus se signer en pénétrant sur la pelouse d'Ibrox. En 2006, le gardien polonais du Celtic, Artur Boruc, est averti par la justice écossaise pour avoir « provoqué » les supporters des Glasgow Rangers en se signant devant leur tribune. L'immense Tommy Gemmel, protestant du Celtic et un des *Lisbon Lions 67*, révéla dans son autobiographie

Lion Heart qu'il avait subi le sectarianisme de certains coéquipiers militant pour une équipe 100 % catholique qui le laissaient dans un coin du vestiaire en le traitant de «bâtard d'Orange»...

On en vient à se demander si pareil antagonisme Celtic-Rangers a pu affecter ou non l'équipe nationale d'Écosse... Kevin McCarra, fervent suiveur de la sélection écossaise depuis quarante ans, apporte un éclaircissement qui confirme l'adage *Scotland comes first*: «*De toute ma vie, je n'ai jamais observé un quelconque sectarisme envers les joueurs du Celtic en sélection nationale. Kenny Dalglish, un Celtic, reste, avec 102 sélections, le joueur le plus capé et le meilleur buteur de la sélection. Il est cependant vrai qu'il n'a pas été sélectionné lors d'un match où il aurait pu égaler le record de 34 sélections consécutives détenu par George Young, un Ranger... Il est vrai aussi que le Celtic était observé avec suspicion du fait qu'il était considéré comme un "club irlandais", ce qui est inexact puisque le terme Celtic englobe à la fois une identité irlandaise ET écossaise. Les joueurs du Celtic et des Rangers se sont toujours efforcés de bien s'entendre jusqu'à un certain degré parce que chacun de ces deux clubs est le miroir de l'autre. Quand l'Écosse a participé à six Coupes du monde sur sept entre 1974 et 1998, les Écossais ont cessé de parler du Old Firm. Dans les années 80, un paquet de bons joueurs évoluaient en Angleterre, ou bien ici, à Aberdeen ou à Dundee United. J'ai rarement entendu les gens compter le nombre de Rangers ou de Celtics dans l'équipe nationale. Il n'y a donc pas de système de quotas. Aujourd'hui, les Rangers sont relégués. Le 14 novembre dernier, contre le Luxembourg, la compo d'Écosse ne comportait qu'un Celtic et aucun Ranger.*» La fameuse Tartan Army, sympathique et nombreuse «armée» de supporters *scottish*, a toujours offert elle aussi une image d'unité, même si «*tout n'est pas aussi simple parmi les fans de l'Écosse: les supporters Rangers sont royalistes et ceux du Celtic républicains*», comme le souligne Kevin. «*Globalement, peu de supporters de l'équipe d'Écosse supportent Celtic ou Rangers. La sélection rassemble des fans de beaucoup de clubs hors Celtic et Gers. Suivre l'Écosse, c'est juste un peu plus passionnant qu'avec son club respectif, comme ça peut l'être pour le fan de Stirling Albion à la ramasse en D3. Enfin, les supporters de l'Écosse s'en foutent un peu que le sélectionneur soit Celtic ou Rangers, ou étranger. C'est partout pareil : ce sont les résultats qui rendent le sélectionneur populaire ou non. Jock Stein, protestant et ex manager du Celtic, avait tellement gagné qu'il inspirait un respect énorme.* »

En France, même si nous sommes avertis des duretés du *Old Firm*, l'éloignement fasciné pour le foot britannique nous fait porter un regard plus « dédramatisé », presque amusé, sur cette rivalité un peu « folklorique ». Dans son livre *Football*, Yves Bigot entretenait déjà ce tropisme soft et marrant avec des citations qui font mouche : « *L'investissement très particulier que les Écossais réservent à leur passion du football leur laisse, hélas, moins d'énergie pour des sujets plus importants* » (tiré du roman *Surviving the Shipwreck* de William McIlvanney). Il y a aussi les noms de tribus, inexistantes chez nous, donc fantasmatiques : la légendaire Tartan Army, et puis *The Gers*, *The Teddy Bears*, *The Light Blues* vs *The Bhoys*, *The Hoops*, *The Celts*. On admire cette petite nation mais grand pays de foot aux trois coupes d'Europe : la première C1 britannique, en 1967, avec les *Lisbonn Lions* du Celtic, puis la Coupe des vainqueurs de coupes des Rangers, en 1971, et la Coupe de l'UEFA d'Aberdeen, coachée en 1983 par Alex Ferguson. Le clash Rangers-Celtic, c'est aussi la culture rock. Kenneth Branagh, le groupe Travis (sauf le chanteur Fran Healy), Wet Wet Wet, Midge Ure (Ultravox), Angus et Malcolm Young (AC-DC) sont pro-Rangers. Pour le Celtic : Bono, Jim Kerr, Sharleen Spiteri (Texas), Rod Stewart, les frères Gallagher, Johnny Marr… et même Susan Boyle ! Mais Renton, le héros du film *Trainspotting*, est d'Édimbourg et soutient donc les Hibs… L'Anglais Terry Butcher, défenseur des Rangers des années 80, s'était converti sans effort au « sectariarisme » glaswégien : « *Je n'ai jamais aimé U2, c'est de la musique de gauchistes. Quant à Simple Minds, ces connards soutiennent le Celtic. J'ai jeté tous leurs disques !* » Le 14 juin 1986, les Simple Minds ont justement joué au Ibrox Park, temple des Rangers ! Mais il fallait là encore respecter les codes. Sur scène, trois drapeaux d'abord : irlandais, écossais et anglais. Circonstances particulières bienvenues à l'époque : la bannière blanche d'Amnesty International (organisation souvent parrainée à l'époque par les groupes pop) et, sur chaque côté, un grand panneau avec la colombe de la paix ! Après le show, Jim Kerr fera savoir que les Simple Minds ont occupé les vestiaires de l'équipe visiteuse… On parle de dix millions de fans du Celtic de par le monde, dont un million en Amérique du Nord. Chez nous, en France, la balance pencherait aussi plutôt du côté des *Bhoys*, peut-être à cause de la communauté bretonne, du Festival interceltique de Lorient et des pubs irlandais au décorum émeraude et blanc… Et puis les Undertones qui viennent jouer *Teenage Kicks* à Celtic Park avant un match des Bhoys, c'est mieux que *Simply the best* de Tina Turner sur la sono de Ibrox. Et que dire de l'émouvant *Fields of Athenry*, chanté par les 20 000 supporters irlandais au stade de Gdansk, lors du dernier Euro, pendant Eire-Espagne ? Ou des exploits en cours du Celtic en Ligue des champions soutenus par la ferveur des chants et par le gigantisme des *tifos* ?

Mais cette imagerie plutôt sympa vue de France ne doit pas faire oublier les réalités tragiques qui ont marqué le *Old Firm* depuis quinze ans. Notamment l'explosive saison 2010-2011, qui avait décliné sept derbies entre Bhoys et Gers ! Dont un à Ibrox, où les dirigeants des Rangers avaient fait disposer sur chacun des sièges des drapeaux britanniques. Provoc idiote, l'*Union Flag* n'étant pas écossais mais symbole nationaliste, donc anti-irlandais. En mars 2011, le Celtic reçut un colis piégé à l'attention de son coach, Neil Lennon, ancien joueur du club (2000-2007). Publiquement « apolitique », Lennon demeure pourtant encore la cible vivante des adversaires du républicanisme irlandais. Des menaces de mort l'avaient déjà poussé à prendre sa retraite internationale, en 2002, alors qu'il était le capitaine de la sélection de l'Ulster. Il a subi une agression de type sectarien (du terme « sectarianisme ») dans les rues de Glasgow et reçut des balles de revolver dans son courrier… Comme Neil Lennon, deux autres supporters bien connus des *Hoops*, l'avocat Paul McBride et une ancienne députée, Trish Goodman, avaient reçu des colis piégés, heureusement désamorcés à temps. Des engins faits pour tuer… Depuis, les politiciens de tous bords, à l'instar du Premier ministre, Alex Salmond, sont intervenus au Parlement écossais comme à la télévision pour tenter d'apaiser ce climat de violence. La haine sectarienne étant aussi prégnante à Édimbourg où le Hibernian FC (catholique) et les Hearts of Midlothian (protestant) se vouent une inimitié séculaire… Comme le rappelle Philippe Auclair, correspondant de *France Football* au Royaume-Uni, « *une vie peut être perdue parce qu'elle est vécue sous les "mauvaises" couleurs à Glasgow* ». C'est ce qui arrivé à Mark Scott, un supporter du Celtic assassiné, en 1996, par un fan des *Gers*. Ce point culminant des violences inter-clubs a bouleversé l'Écosse et abouti à la création du mouvement anti-sectarien. Chacun des deux camps s'est investi avec, côté Celtic, le *Celtic's Bhoys Against Bigotry*, lancé en 1996 et, côté Rangers, le *Follow With Pride* (appelé au départ *Pride Over Prejudice*). L'association *Sense over Sectarianism*, plus œcuménique, rassemble les fans des deux clubs, tout comme l'autre l'association anti-communautariste célèbre, *Nil by Mouth*. Un engagement global et volontariste qui n'a pourtant pas enrayé les violences…

En 2004, le journaliste Franklin Foer révélait que les admissions aux urgences hospitalières étaient multipliées par neuf les soirs de *Old Firm*, et surtout que huit décès avaient été imputables aux combats entre supporters à Glasgow, entre 1996 et 2003. Même si les torts sont partagés, les statistiques recueillies par la police de Glasgow montrent que la majorité (64 %) des agressions à caractère sportivo-sectarien sont le fait des supporters des Rangers. Philippe Auclair croit y déceler un fort sentiment de dépossession sociopolitique de la communauté protestante : « *Une partie de cette communauté, accoutumée à détenir le pouvoir, vit très mal l'émergence récente de catholiques dans la vie publique et économique de son pays et s'est recroquevillée sur elle-même. Depuis 2005, le nombre de catholiques pratiquants, augmenté par l'immigration polonaise, a d'ailleurs dépassé celui des protestants en Écosse. Les Rangers servent de point de focalisation à un malaise qui n'a qu'un rapport très éloigné avec la suprématie de l'un ou l'autre club : les incidents liés directement au football ne représentent d'ailleurs qu'un quart de ceux recensés comme "sectariens" par les autorités.* »

Le pic des tensions de 2010-2011 ainsi que la relégation des Rangers, en 2012, sont également synchrones avec le déclin sportif du football écossais, qui brillait encore récemment en Coupes d'Europe (attendons la suite du parcours du Celtic en huitièmes de C1…). L'affluence des stades baisse inexorablement. L'Écosse a également coulé au classement UEFA des clubs (18e rang) et des nations (actuelle 36e). L'équipe nationale n'a plus joué de compètes (Euro, Mondial) depuis 1998. Économiquement, c'est le trou noir, comme s'en inquiète Kevin : *« Celtic et Rangers auraient adoré jouer en Premier League anglaise. Mais la spécificité du Old Firm n'intéressait pas les grands clubs anglais. Il semble bien que la valeur des droits TV de la Scottish Premier League a considérablement baissé depuis la relégation des Rangers (Ma Chaîne Sport TV* a stoppé la retransmission en France de la SPL en 2012-2013, ndla). *Pour l'instant, la bonne participation du Celtic en C1 compense ces pertes potentielles venant des droits TV de la SPL. C'est un coup dur incontestable. Les clubs de SPL ne peuvent plus compter sur la fructueuse venue des Rangers. Il va y avoir encore des coupes sombres dans nos clubs, ainsi que des baisses de salaires et des contrats offerts.* » Depuis cette saison, hormis peut-être lors des coupes nationales à venir, il n'y a plus de Old Firm. Sans ce derby, le climat semble s'apaiser à Glasgow, selon Kevin McCarra : « *Glasgow est une ville merveilleuse, vivante. Gens du Celtic et des Rangers se côtoient normalement sans désir de s'entretuer. Il faut rappeler que la situation n'a jamais dégénéré au point de connaître certaines périodes désespérantes d'Irlande du Nord.* » Mais les haines persistent... 45 000 supporters remplissent encore Ibrox et beaucoup d'entre eux dénoncent un complot ourdi par les *bigots*. On jure fidélité aux Gers : « *On vous suivra partout, toujours, à Dundee, à Hamilton, en D4, et même jusqu'à Dublin quand vous serez de retour au sommet.* » Côté Celtic, pas de pitié pour les *zombies* (nouveau sobriquet des Bleus) : « *Il faut qu'ils paient pour ces titres qu'ils nous ont volés !* » À Celtic Park, on chante désormais *Jelly and Ice Cream when Rangers die* (« *Gelée et crème glacée quand les Rangers mourront* ») sur l'air de *I just can't get enough*, de Depeche Mode… Dernier sujet « à la mode », le Référendum de 2014 sur l'Indépendance de l'Écosse (rattachée depuis 1707 à la couronne d'Angleterre). C'est mal barré pour les indépendantistes du Scottish National Party : un tiers à peine des 5,2 millions d'Écossais souhaitent quitter le Royaume-Uni… Pourquoi en 2014, au fait ? Parce que c'est l'année du 700e anniversaire de la victoire de Nannockburn sur l'ennemi anglais. En Écosse, on est souvent contre quelqu'un ou contre quelque chose.

Yougoslavie - Zaïre
9-0

18 juin 1974
Parkstadion de Gelsenkirchen (Allemagne)

Premier tour de la Coupe du Monde 1974

Le problème de George Foreman, c'est le manque de conviction. Avant le *Rumble in the Jungle* fixé au 30 octobre, il récite platement la leçon face aux caméras TV zaïroises : « *L'Afrique est le berceau de l'humanité. Nous venons tous d'Afrique.* » Et puis George a commis un impair, en débarquant à l'aéroport de Kinshasa avec son berger allemand. Les Congolais honnissent ce chien maudit, deuxième mâchoire de l'ex colonisateur belge. Muhammad Ali, face caméra, c'est plus fort : « *JE ME BATS EN AFRIQUE PARCE QUE JE SUIS ICI DANS MON PROPRE PAYS ! L'AMÉRIQUE N'EST PAS MA TERRE NATALE ! MA VRAIE TERRE NATALE, C'EST L'AFRIQUE !* » Ali vient de gagner par K-.O… Il l'avait déjà emporté aux points en raillant cruellement Foreman, le « boxeur des Blancs », l'Oncle Tom. La foule zaïroise, qui lui était déjà acquise, renchérit alors avec un slogan massacreur, «*Ali, bouma yé!*» («*Ali, tue-le!*»). Ali «tuera» George dans la nuit tropicale du 30 octobre. Sur le ring du Stade de Kinshasa du 20 mai Ali Muhammad récupérera sa couronne mondiale des lourds. Mais le grand vainqueur du *Rumble in the Jungle*, c'est Mobutu. Lui, l'obscur chef d'État africain, assure sa promo personnelle ainsi que celle de son «nouveau» pays, le Zaïre. Il surfe aussi au sommet de la hype black qui déferle des États-Unis depuis la fin des sixties. Sports, musique, cinéma, politique, mode : *black is beautiful* ! La coupe afro identifie les *sisters* et *brothers* du monde entier, dont Foreman et Ali... Détroit, Philadelphie, mais aussi Kingston, Bahia, Porto Rico renvoient la fierté noire retrouvée au continent des origines. Par *feed-back*, Fela, Manu Dibango, Hugh Masekela émergent sur la scène mondiale. En 1974, l'écrivain noir américain Alex Haley achève son roman, dont le titre résume la renaissance identitaire de toute la diaspora : *Roots* (*Racines*, sorti en 1976). Et Mobutu rafle la mise ! C'est lui qui a réclamé et obtenu l'organisation de ce championnat du monde de boxe et payé les 5 millions de dollars de bourse pour le vainqueur et son challenger. *Rumble in the Jungle*, ce sont aussi les artistes black qui ambiancent les soirées de Kinshasa : Myriam Makeba, James Brown, BB King, The Crusaders ! Même l'impayable Don King a lâché le costard tape-à-l'œil pour le boubou local... Mobutu chevauche une autre hype, celle du progressisme messianique tiers-mondiste des anciens peuples colonisés ou opprimés. L'époque est aux «ismes» : panafricanisme, panarabisme, nassérisme, castrisme, guévarisme, maoïsme, titisme. Et mobutisme.

Après avoir fait assassiner, en 1961, le Premier ministre du Congo indépendant, Patrice Lumumba, Joseph-Désiré Mobutu avait fomenté un coup d'État qui l'avait porté au pouvoir, le 24 novembre 1965. Protégé de la CIA, adoubé par Foccart, qui lui avait fait rencontrer de Gaulle à Paris, le dictateur impitoyable est devenu un personnage central de la Françafrique… et de la Belgeafrique ! L'indépendance difficile (sécession du Katanga) et mal préparée par l'ex colon belge a légué à Mobutu un pays immense aux riches ressources minières et forestières qui suscitent les convoitises. L'ex Congo belge est surtout une mosaïque multilingue et multiethnique que Mobutu va tenter d'unifier dans un grand élan africaniste, en résonance avec l'affirmation noire et tiers-mondiste de l'époque. Désireux d'effacer les stigmates du passé colonial, il amorce alors sa politique de « l'authenticité », une idéologie « nouvelle » qui allie retour aux traditions africaines (*roots* !), défense et solidarité des pays du Sud, ainsi que la modernité. Négritude et *Blackism*… 1971 est « l'année des 3 Z ». Le « président à vie » renomme le pays (exit le Congo Léopoldville !), le fleuve et la monnaie sous le nom de Zaïre. La même année, il impose l'« abacost » (contraction de « *à bas le costume* »), vêtement à la fois traditionnel et d'inspiration sino-zaïroise (coupe et col Mao) en rupture avec les codes vestimentaires occidentaux. L'extravagance future des inimitables « Sapeurs » de Kinshasa n'était-elle pas une réaction joyeusement plus sophistiquée à l'abacost uniformisé ?… Enfin les Zaïrois doivent adopter un nom d'origine africaine et locale (non chrétienne). Joseph-Désiré Mobutu devient *Mobutu Sese Seko Kuku Ngbendu wa Za Banga*, « le guerrier qui va de victoire en victoire sans que personne ne puisse l'arrêter » (en lingala, une langue qu'il impose aussi par l'enseignement dans les écoles et dans ses discours). La zaïrianisation du pays s'étend même à l'économie, avec la nationalisation d'entreprises étrangères. Léopoldville devient Kinshasa. Le franc congolais est remplacé par le zaïre (qui vaut alors deux dollars). À la tête du parti unique, le MPR (Mouvement populaire de la Révolution, fondé en 1967) et du Mopap (mobilisation, propagande et animation politique), véritable outil de contrôle social et politique, Mobutu Sese Seko poursuit une difficile recherche de l'unité du pays. À l'image du *Rumble in the Jungle*, en amateur de musique et de sport (il a été correspondant sportif dans sa jeunesse), le dictateur placera donc en bonne place, entre autres, musique et football au cœur de sa politique de l'authenticité. À travers la biographie de Franco, prince de la rumba congolaise (*Congo Colossus : the life and legacy of Franco & OK Jazz*), le journaliste Graeme Ewens donnera son interprétation plus abrupte de l'idéologie de l'authenticité : « *Cette politique d'authenticité prônée par Mobutu servit à faire diversion en flattant l'ego nationaliste des Zaïrois, pendant que ses dignitaires et lui se remplissaient les poches…* » En tout cas, la tenue officielle de la sélection nationale à la Coupe du Monde 1974 illustre parfaitement cette orientation identitaire affirmée. Le Léopard, fétiche du mobutisme (l'Ordre du Léopard, distinction suprême), est partout. C'est d'abord le surnom des joueurs. La tête du félin, gueule ouverte prête à mordre, un ballon entre les griffes, sert de motif en jaune ou rouge sur le maillot vert d'Afrique. « ZAÏRE » et « LÉOPARDS » s'affichent aussi en gros sur la poitrine ! Mobutu vassalise les musiciens (qu'il protège et finance) et domestique les footballeurs… Ces derniers doivent devenir les ambassadeurs de sa « révolution zaïroise ». Au prix d'une politique d'État commune aux pays totalitaires entamée dès l'année 1966, le régime va vite obtenir d'excellents résultats. Après un retour forcé au pays des meilleurs footballeurs jouant en Europe (surtout les « Belgicains »), Sese Seko reçoit les sélectionnés au palais présidentiel et les somme de « *défendre le prestige national* ». À partir de 1966, il sera quasi impossible d'aller jouer à l'étranger, sans au moins une autorisation préalable du ministère des Sports : les footballeurs n'ont pas leur mot à dire. Les années 1967 et 1968 apportent les premiers succès : le Tout Puissant Mazembe de Lubumbashi est champion d'Afrique des clubs champions. En 1968, aussi, l'équipe nationale du Congo-Kinshasa (pas encore Zaïre) gagne la CAN, Coupe d'Afrique des Nations, en battant le Ghana 1-0 à Addis-Abeba. Le Ghana, c'est le pays du grand leader africain et figure de proue des non-alignés, Kwame Nkrumah. Ce titre continental permet à Mobutu d'exister à son tour sur la scène africaine. Les années 1973 et 1974 sont l'apogée du « mobutisme sportif », dont le Stade du 20 mai de Kinshasa abrite le pire et le meilleur du régime. C'est dans les sous-sols de l'enceinte que le chef de l'État sanguinaire fait torturer, exécuter ou disparaître ses opposants, et c'est sur sa pelouse que brillent « ses » footballeurs... Le 9 décembre 1973, le Zaïre se qualifie pour la Coupe du Monde 1974, devant 100 000 supporters en délire, en battant le redoutable Maroc (3-0). Une semaine plus tard, même lieu, c'est le Vita Club qui remporte la Coupe d'Afrique des clubs champions. En outre, le défenseur central Tshimen Bwanga (TP Mazembe) est sacré Ballon d'Or africain par *France Football*.

La qualification au Mondial euphorise la nation. C'est déjà une victoire de « l'authenticité » : le Zaïre sera la première nation noire d'Afrique, avec tous ses joueurs évoluant au pays, qui représentera le continent au Mondial après la lointaine Égypte (1934) et le récent Maroc (1970), deux pays d'Afrique du Nord... La fédé zaïroise enrôlera à prix d'or le coach du Maroc du Mundial mexicain, le Yougoslave Blagoje Vidinic. On ne parle pas encore des « sorciers blancs », ces avatars du néo-colonialisme accusés plus tard de prendre la place des techniciens locaux. En tout cas, c'est un Blanc européen qui drivera les Léopards en Allemagne : vous avez dit « authenticité » ? Sese Seko ne se prive pas d'exploiter la qualif au Mondial : il reçoit les joueurs et leur offre voitures et maisons, emplois de complaisance dans les entreprises d'État… Comme le rappelle Paul Dietschy, «*le début des années 70 est l'apogée du mobutisme sur le plan sportif, politique et économique. Comme dans la plupart des États africains, une véritable "mystique du football"* (l'expression est d'Hélène d'Almeida-Topor, Ndla) *donne le temps d'un match une nation unie autour de son drapeau et de sa sélection*». Le MPR avait pour mission de «déséthniser» la population congolaise à travers des projets fusionnels qui renforceraient l'identification à la nation nouvelle. Les Léopards sont donc acteurs de cette dynamique unificatrice. Il en va de même pour la musique. Le grand musicien Ray Lema se verra ainsi confier la difficile mission de réunir un grand orchestre national des ensembles percussionnistes de toutes les régions zaïroises ! Le «jeune Zaïre» est au top : dans une conjoncture de prospérité économique, Sese Seko prononce même, le 4 octobre 1973, à l'ONU, un discours remarqué de grand tribun tiers-mondiste où il fait l'éloge… de l'authenticité ! En mars 1974, nouveau succès des Léopards à la CAN 74 remportée sur la Zambie (2-2) puis, deux jours plus tard (2-0, finale rejouée), Ndaye Mulamba, du Vita Kinshasa, finit meilleur buteur du tournoi (9 buts, record toujours inégalé). Un rituel s'installe : accueil des héros à l'aéroport de Ndjili puis réception au palais présidentiel, le tout filmé en direct à la télévision. L'impact est très fort : enfin des héros fédérateurs en qui on peut s'identifier, à la différence de l'époque coloniale.

Après la victoire de la CAN, le pays se met à y croire, malgré un tirage au Mondial pas évident : Écosse, Yougoslavie et Brésil… Les bookmakers anglais attribuent la cote du Zaïre : 200 contre 1 ! Pourtant, à trois mois de la Coupe du monde, la presse nationale s'enflamme : «*Sous le nouveau régime, notre football a évolué à une vitesse vertigineuse !*»,

«*Plusieurs prétendants, un seul époux: le Zaïre!*», «*Ordre national du Léopard pour les Léopards!*». Dans un reportage dubitatif de Richard Diot, envoyé spécial à Kinshasa pour *Antenne 2*, on découvre enfin ces Zaïrois. Ils s'entraînent dur sous le soleil de plomb. Poussé à émettre un pronostic sur le match contre la Yougoslavie, Mantantu Kidumu, le capitaine souriant, révèle une sérénité partagée par tous: «*Je suis optimiste: 2-1 pour le Zaïre… Faire nul ou gagner, oui. Mais perdre, je ne crois pas…*» En mai, Vidinic emmène les Léopards en Suisse pour s'acclimater à l'Europe. Les matchs de préparation sont moyens. Surtout, les joueurs, issus d'ethnies différentes et intimidés par un environnement nouveau pour eux, ne parlent pas tous exactement le même idiome. En 2012, Mwepu Ilunga, latéral droit du TP Mazembe et titulaire inamovible des Léopards en 1974, évoque sa Coupe du monde: «*Je me rappelle la bonne ambiance, surtout. Oui, on était comme des frères, on était ensemble depuis quatre, cinq ans: on a vécu ensemble dans cette équipe. Mon grand frère faisait partie de cette équipe. C'était une famille, hein! C'était la première fois qu'une équipe africaine jouait la Coupe du monde* (sic). *Nous n'avions pas d'espoirs de gagner les matchs, pour nous, l'important était de participer mais pas d'encaisser beaucoup de buts, comme on en a encaissés, là! On était partis pour faire pour le mieux… C'était un grand honneur de jouer ces matchs. Surtout moi, à mon poste. Contre la Yougoslavie, j'ai affronté Dragan Dzajic, un superbe gaucher, l'un des meilleurs joueurs en Europe. Contre le Brésil, je marquais Edu, le remplaçant de Pelé, et contre l'Écosse, c'était Peter Lorimer de Leeds: je me suis mesuré aux meilleurs ailiers du monde. Ça reste des bons souvenirs. Contre l'Écosse, on a très bien joué parce que l'entraîneur de l'Écosse avait promis de nous battre 11-0. Mais on a perdu 2-0.*» En fait, le sélectionneur écossais Willie Ormond avait été un peu moins méprisant («*ce serait une honte de ne pas passer au moins 5 buts à ces Africains*»), mais le résultat final sera quand même loin de ses espérances. Vient ensuite le fameux match contre la Yougoslavie.

La pelle du 18 juin : un 9-0 hémorragique. La plus grande humiliation à ce jour pour une équipe africaine. Bajevic (8e, 30e et 81e), Dzajic (14e), Surjak (18e), Katalinski (22e), Bogicevic (35e), Oblak (61e), Petkovic (65e)… 5-0 au bout d'une demi-heure… 6-0 à la mi-temps… En arrivant en Allemagne, les Léopards apprennent à leur hôtel qu'il existe une prime de participation de la Fifa. Ils l'exigent aussitôt. On les fait lanterner : « *On nous avait promis nos primes après le match contre l'Écosse. Mais rien n'est venu. Vous comprenez qu'on n'était pas très motivés pour la suite* », racontera Adelard Mayanga, l'attaquant de l'AS Vita Club. La veille du match contre la Yougoslavie, certains joueurs, ulcérés, songent même à ne pas jouer : « *Il y avait un mécontentement de tous les joueurs. C'est ça l'explication du 9-0 contre la Yougoslavie. Voyez les images : on ne joue pas, on ne court pas, on marche…* », fulmine encore Mwepu Ilunga. Et c'est vrai que le Zaïre n'offre pas une grande résistance : repli défensif incohérent, manque d'agressivité dans les duels, en retard sur tous les ballons. Même si les attaquants africains ratent quelques occases très nettes ! Blagoje Vidinic, jusque-là stoïque, allume clope sur clope, dépassé. Et puis il y a l'épisode tragi-comique de la 21e minute à 0-3 : Kazadi, l'illustre gardien, cède sa place à Tubilandu (sur la demande d'un représentant de Mobutu) juste avant un coup franc dangereux pour les Yougoslaves qui finit au fond : 0-4 ! Un but qui provoque une contestation houleuse : l'arbitre colombien expulse par erreur Ndaye Mulamba… alors que c'était Mwepu Ilunga qui l'avait frappé ! Le Zaïre finira la partie à dix… Les Verts d'Afrique sont d'ores et déjà éliminés. Il reste un dernier match à jouer contre le Brésil et ses nombreux autres frères noirs. Cela devait être une fête, ce sera le grand match de l'angoisse, comme le raconte Mwepu Ilunga : « *Pour le match contre le Brésil, notre gouvernement nous avait menacés : si vous encaissez quatre buts ou plus, on vous mettra tous en prison, tous les joueurs ! Vous serez comme des prisonniers politiques. S'il y a 4-0, vous ne rentrez pas, vous restez là-bas ! Sinon si vous rentrez, c'est direct la prison ! Jouer contre le Brésil… Avant la Coupe du monde, on avait joué en amical contre des clubs brésiliens comme Santos ou le Flamengo de Paulo César. On les craignait. C'est pourquoi on a essayé de résister contre les Brésiliens et on a heureusement fait 3-0. Quand vous voyez l'erreur que j'avais faite sur leur coup franc, c'était exprès pour qu'on me donne un carton rouge et que je puisse sortir, au lieu de jouer pour "les autres".* » Mwepu avait finalement reçu un jaune pour être sorti du mur et avoir dégagé au loin le ballon que Rivelino et ses potes tardaient à jouer. Le défenseur des Léopards tord le coup à une vieille rumeur : « *Mobutu ne nous a pas menacés de mort avant le Brésil. Ce n'était "que" la prison à partir 4-0…* »

Le retour au pays par vol spécial dès le lendemain est rude. Personne pour accueillir des Léopards fêtés ici même trois mois plus tôt. « *Tout était oublié, on était tous tombés. Pas d'accueil au retour, personne à l'aéroport. Des taxis qui nous aimaient bien nous ont ramenés, des fanatiques des Léopards* », se souvient Babo Kabasu, défenseur du FC Bilima. Ils ont été abandonnés sur ordre du pouvoir, qui convoque illico les joueurs de Kinshasa : « *On a été reçus au palais par le président, qui nous a blâmés et nous a adressé des remarques assez dures* », détaille Mayanga. Mwepu Ilunga a d'autres souvenirs : « *On est arrivés à l'aéroport à 7 heures du matin et la troupe militaire qui nous a accueillis nous a dit :* "Il ne faut pas rester à Kinshasa ! Vous embarquez directement à Lubumbashi", *vu que certains de nous étaient de l'intérieur du pays. On y est partis à 15 heures* ». Vingt ans plus tôt, en 1954, les autorités de Budapest avaient fait revenir à la sauvette les joueurs hongrois, pourtant « fierté du régime communiste » auparavant, après leur défaite en finale de Coupe du monde contre la RFA (3-2). L'équipe du Zaïre est dissoute et subit d'autres rétorsions gouvernementales : aucun joueur n'aura le droit d'aller jouer en pro en Europe. Malgré les offres : *« Moi et Bwanga, on avait été contactés pour jouer aux Pays-Bas,* maugrée Mwepu Ilunga. *Mayanga était sollicité par Saint-Étienne, Kakoko était réclamé, presque toute équipe a été sollicitée. Mais après la Coupe du monde, tout le monde est resté bloqué au pays, pas de possibilité de sortir par décision du gouvernement. Il fallait avoir au moins 30 ans pour espérer partir.* » Autrefois choyés par le président Mobutu, les Léopards, devenus parias, tombent dans l'oubli. Certains vivent aujourd'hui dans la misère.

Le bilan sportif accablant a mis en évidence toutes les tares du système dictatorial de Mobutu. Intervention parasitaire des féticheurs (envoyés en nombre sur ordre du pouvoir !), interférences dans le travail de l'entraîneur (changement de gardien contre la Yougoslavie), menaces d'incarcération en cas de mauvais résultats et disgrâce finale impitoyable (« *Le président Mobutu voyait en nous une équipe redoutable, capable de battre n'importe quel adversaire. Mais nous n'étions que des amateurs* », assénera Adelard Mayanga). L'obligation de rester jouer au pays fut à double tranchant : elle a d'abord favorisé les bons résultats sur le plan continental mais s'est révélée improductive ensuite au haut niveau international… L'affaire des primes détournées, plaie mortelle du foot africain toujours d'actualité, révèle la nature prédatrice du régime zaïrois. En la matière, le « Maréchal Président » battait tous les records : confiscateur numéro 1 de son pays, Mobutu avait accumulé, à sa mort, en 1997, une fortune personnelle estimée entre 5 et 6 milliards de dollars. Sese Seko ira jusqu'à persécuter Pierre Ndaye Mulamba, qui avait refusé de lui donner une médaille qu'il avait reçue, en 1994, de la Confédération africaine. Le fiasco zaïrois de 1974 qui a inspiré la condescendance des observateurs (lesquels parlèrent d'immaturité du foot africain) confirma, hélas, les interrogations soulevées par *France Football* avant la Coupe du monde : « *En Coupe du monde, l'Afrique ne bénéficie que d'une seule place. On en revendique plus, mais à quoi cela peut-il servir dans une manifestation où elle a pour l'instant des difficultés à s'imposer ?* » Heureusement, le 11 juin 1974, le nouveau président de la Fifa, le Brésilien João Havelange, avait dégommé le très conservateur sir Stanley Rous, en se faisant élire en partie grâce aux fédérations africaines, négligées jusque-là. La Fifa nouvelle agira en faveur du continent noir. Elle fera radier une bonne fois pour toute l'Afrique du Sud de l'*Apartheid*, lancera de grands programmes de développement technique et fera une place plus importante aux équipes africaines. Deux pays (l'Algérie et le Cameroun), et non plus un seul, disputeront le Mundial espagnol de 1982.

Après les succès de 1973 et 1974, le désastre des Léopards en Allemagne coïncida pour beaucoup avec un début de crise sociale et politique qui transforma l'utopie zaïroise en cauchemar. Mobutu avait rêvé africanisme et fierté noire (« *black pride* »), le Mondial 74 annoncera le « black-out ». Le *Rumble in the Jungle*, à la fin de 1974, sera son chant du cygne… Ce n'est que du foot mais les trois défaites contre l'Écosse, le Brésil, et surtout contre la Yougoslavie, illustrèrent amèrement aussi la marche en avant chaotique du continent noir, libéré depuis quinze ans de la tutelle coloniale. Le souffle de l'émancipation parviendra encore au Mozambique, qui accédera à l'indépendance peu après le Mondial allemand. L'année 1974 verra aussi la famine meurtrière s'abattre au Sahel. Les terribles images d'enfants aux ventres ballonnés renverront aux atrocités de la guerre civile de 1967-1970 au Biafra (Nigeria). Même s'il a été controversé, le « pronostic » de René Dumont (*l'Afrique noire est mal partie*, paru en 1962) se vérifie. Berceau de l'humanité (« Lucy » l'Éthiopienne est exhumée en 1974), l'Afrique-Sisyphe émergeait alors à grand peine de l'océan de calamités. En 1997, le Zaïre devint la République démocratique du Congo. La RDC. Un acronyme aux initiales qui renvoient encore au provisoire… Le Zaïre n'existe plus, le Congo Kinshasa non plus. La RDC changera de nom un jour prochain aussi.

Corée du Nord – Corée du Sud
0-0

26 mars 2008
Hongkou Stadium de Shanghai (RP Chine)

3e tour aller de la zone Asie de qualification pour la Coupe du Monde 2010

38e parallèle. La symbolique du foot s'articule au plus près de cette frontière fixée à la fin de la guerre de Corée (1950-1953). Une guerre qui n'est à ce jour toujours pas officiellement terminée… Côté sud de la ligne, la petite ville de Paju abrite le Clairefontaine sud-coréen, centre de formation national et lieu de rassemblement des stages de la sélection. Paju est situé non loin de Panmunjom, où fut signé l'Armistice de 1953 (qui n'est pas un traité de paix !), et du mont Dora, on aperçoit la ville de Kaesong, en Corée du Nord. C'est à Kaesong que s'est tenue, le 5 février 2008, une réunion préparatoire entre les deux pays afin d'aplanir les difficultés en vue du match Corée du Nord-Corée du Sud du 26 mars 2008. Une rencontre prévue à Pyongyang, en qualification à la Coupe du Monde 2010. Mais la réunion de Kaesong n'a rien donné... Les autorités nord-coréennes étaient fermes : pas d'hymne ni de drapeaux sud-coréens à Pyongyang. Refus en retour de Séoul, appuyé par la Fifa, tout aussi sèche : chaque pays doit pouvoir jouer avec son hymne et ses couleurs. Le « Nord » propose alors que soit déployé le drapeau de la Corée unifiée (péninsule coréenne bleue sur fond blanc) et que soit joué l'hymne *Arirang*, deux symboles communs aux deux nations. Aux JO 2000 et 2004, la Corée du Sud et la Corée du Nord avaient déjà défilé ensemble sous cette même bannière. Nouveau refus sud-coréen ! Le temps presse... On jouera donc à Shanghai, en Chine, arbitre de la crise nucléaire entre les deux Corées et premier soutien traditionnel du régime de Kim Jong-il. « *Pyongyang ne voulait ni supporters, ni drapeau, ni hymne sud-coréens. Car depuis la guerre de 1950-1953, la Corée du Nord estime que la Corée du Sud n'a aucune légitimité. Le Nord proclame :* "Nous autres avons gardé la vraie identité coréenne. L'autre Corée est mondialisée, pas nous !" *Donc, on a choisi Shanghai. Mais pas le Japon ! La Chine est un bon terrain d'entente pour les deux Corées. Il n'y a pas de problèmes pour la Corée du Sud de se rendre en Chine : il y a de bons échanges commerciaux entre nous* », explique Kyo-chan Koo, Sud-Coréen chaleureux et tout en rondeur. Sage et philosophe, tel un pays de matin calme.

Homme d'affaires de 49 ans, M. Koo parle un français impeccable. « *J'ai appris votre langue à l'Alliance française de Séoul. Puis j'ai été étudiant en philosophie du* XVII*e* *siècle sur Descartes, à l'Université de Sorbonne, Paris IV. J'habite en France depuis vingt-trois ans.* » Cela permettait de mieux apprécier l'humour de feu Thierry Roland sur les footballeurs coréens[1] ? « *Oui, il faisait beaucoup de "plaisanteries"... J'ai été un peu déçu. Monsieur*

1. Thierry Roland, florilège au Mondial 2002 : « *Il y a deux Lee sur le terrain, on va pouvoir faire une chambre* », « *Il n'y a rien qui ressemble plus à un Coréen qu'un autre Coréen, surtout habillés en footballeurs. D'autant qu'ils mesurent tous 1,70 m, qu'ils sont tous bruns, à part le gardien.* »

Thierry Roland était un très bon commentateur, mais ses commentaires frisaient un certain racisme. » C'est surtout en qualité de correspondant d'honneur de la fédération sud-coréenne de football en France *(« En 2007, j'ai fait venir le DTN Jean-Pierre Morlans, successeur d'Aimé Jacquet, en Corée »)* que l'honorable Kyo-chan Koo va nous nous éclairer tout au long de ce chapitre sur le football coréen. Une histoire passionnante qui met en évidence une proximité plus étroite qu'on ne l'imagine entre les deux Corées, liées intimement par une même haine du Japon. « *Corée et Japon, c'est comme la France et l'Angleterre, plutôt même qu'entre France et Allemagne, avec leurs antagonismes certes dramatiques mais historiquement récents. France et Angleterre ont été ennemies pendant presque mille ans. C'est pareil pour le Japon et la Corée. Avant la terrible occupation japonaise de notre pays, de 1910 à 1945, il y eut la grande invasion à la fin du* XVIe *siècle, puis pendant plusieurs siècles, les pirates nippons qui razziaient nos côtes. La Corée étant une péninsule très proche du Japon... Le football était un symbole de la résistance à l'occupation japonaise dans les stades de football. Dans les années 30 et 40, il y avait un grand derby coréen entre le Nord et le Sud : le fameux « Kyung – Pyoung », Kyung pour la capitale Séoul et Pyoung pour Pyongyang, deuxième ville de Corée, aujourd'hui capitale de la Corée du Nord. Des joueurs coréens étaient incorporés de force dans l'équipe du Japon ! Il y avait des rencontres entre clubs japonais et clubs coréens : le public coréen soutenait les siens avec ferveur. Aux JO 1936 de Berlin, le vainqueur japonais du marathon était en fait un Coréen, Son Ki-chong. En foot et en cyclisme, les Coréens étaient meilleurs que les Japonais... Entre Coréens des deux pays et Japonais, ce sont des haines ancestrales. Même si, depuis la Seconde Guerre mondiale, il y a une coopération économique fructueuse entre Japon et Corée du Sud.* »

Si le ressentiment à l'égard des Japonais parcourt tout le peuple coréen, le contentieux entre les deux Corées reste pourtant explosif. La force militaire sud-coréenne, ce sont 672 000 hommes en armée d'active et 4 500 000 en réserve, plus environ 30 000 soldats américains stationnés sur place. Dans le Nord, où depuis les années 90 Kim Jong-il avait adopté la politique de *Songun* (*l'armée d'abord*) afin de renforcer son régime, le potentiel humain en a fait le pays le plus militarisé du monde, avec un total de 9 495 000 hommes d'active, de réserve et de paramilitaires. Les tensions qui émaillent les relations des deux pays vont des classiques accrochages maritimes le long de la *Northern Limit Line* à la menace nucléaire pure et dure. En application de la politique de *Songun*, Pyongyang a développé un programme nucléaire (et spatial) qui a abouti, le 9 octobre 2006, au premier essai nucléaire officiel, suivi d'un autre, le 27 mai 2009 (ainsi que plusieurs tirs de missiles courte portée). Le 12 décembre 2012, le régime de Kim Jong-eun (fils de Kim Jong-il) a lancé un nouveau missile balistique… Depuis 2009, la Corée du Nord estime ne plus être liée par l'Armistice de 1953. «*Nous vivons également le drame intense des familles séparées, de part et d'autre de la frontière : comment peut-on interdire à des vieilles personnes de pouvoir se revoir au moins une dernière fois avant de mourir?* déplore M. Koo d'un ton grave. *Si j'en veux aux deux Corées, le gouvernement nord-coréen est le plus fautif : ils ont toujours eu cette peur que ceux du Nord découvrent la Corée du Sud, plus riche et plus moderne. Et ça fait soixante ans que ça dure…* »

Cela (terriblement) posé, place au foot coréen… Et à son premier épisode marquant, la Coupe du Monde 1966 et les exploits du Chollima. C'est le surnom de l'équipe de Corée du Nord, du Mouvement Chollima, cheval ailé des légendes coréennes, sous le signe duquel Kim Il-sung avait placé la reconstruction de son pays. Les deux Corées auraient dû s'affronter en éliminatoires de la zone Asie. Rendez-vous manqué ! La Corée du Sud avait boycotté la Coupe du Monde 66 pour protester contre la participation de sa sœur ennemie aux éliminatoires. «*En 1966, la Corée du Nord nous était supérieure économiquement, et en foot aussi. En 1966, nous étions inscrits pour les éliminatoires. Mais nos autorités politiques avaient peur de perdre! Le gouvernement a donc discrètement fait pression sur notre fédé pour ne pas jouer. La Fifa nous a infligé une amende… que notre fédé a payée! La Corée du Sud a officiellement invoqué d'obscurs problèmes de participation aux JO 1968…* » La jumelle du Nord se qualifie facilement 6-1 et 3-1 face à l'Australie, à Phnom Penh, vu que les deux États n'entretenaient aucune relation diplomatique, puis se couvrira de gloire en Angleterre. En éliminant notamment la *Squadra* 1-0 (but de Pak Doo-ik). Jalousie des frères sudistes? « *C'était ambigu… Les Sud-Coréens éprouvaient quand même de la fierté après ces succès… Mais la dureté idéologique primait aussi, avec le très autoritaire général Park Chung-hee au pouvoir: notre gouvernement a forcé nos médias à ne pas trop communiquer sur la victoire nord-coréenne contre l'Italie.* » Et 1966 s'invitera en 2002! Car c'est au tour de la Corée du Sud d'affronter l'Italie en huitièmes de Coupe du monde… Les supporters sud-coréens exhibent dans le stade de Daejeon les fameuses pancartes « *Refaire le coup de 1966!* », « *Remember 1966!* ». Un clin d'œil plutôt sympa aux frères du Nord. La victoire inattendue de la Corée du Sud contre l'Italie (2-1, a. p.), exceptionnellement retransmise en différé par la télévision nord-coréenne, la propulse en quarts de finale. Une bonne occasion de supplanter les exploits anglais du Chollima? « *Non, l'époque avait beaucoup changé. En Coupe du Monde 2002, il y avait un gouvernement de tendance de gauche dirigé par Kim Dae-jung, donc il était autorisé d'afficher de telles pancartes dans les stades en souvenir de 1966. Kim Dae-jung s'était déplacé à Pyongyang en juin 2000 pour y rencontrer Kim Jong-il. Le contact était bon entre eux, la situation politique s'était apaisée. Dans les années 2000, il y avait beaucoup d'échanges entre nos deux pays. En football, jusqu'aux années 80, il y avait bien chez nous, certes, la volonté de "dépasser" ceux du Nord, mais plus après… Il n'y avait plus de rivalité avec le*

Nord. Nous leur étions largement passés devant avec nos nombreux succès de clubs en coupes asiatiques, comme avec l'Équipe nationale. Nous avons fini quatrièmes en 2002 et nous sommes actuellement sur une série ininterrompue de sept participations à la Coupe du monde, depuis 1986 jusqu'en 2010.» La Coupe du Monde 2002 avait été un autre rendez-vous manqué entre le Nord et le Sud. Une co-organisation des deux Corées pour la première Coupe du monde en Asie, un moment ébauchée, laissera finalement place à l'attelage explosif de la Corée du Sud et du Japon… Le contexte sportif entre les deux Corées était plutôt à la détente puisque, à la Coupe du Monde 1991 des moins de 20 ans, elles avaient envoyé une équipe commune. Sous la bannière unifiée (péninsule bleue sur fond blanc), la Corée parviendra même jusqu'aux quarts, éliminée par le Brésil. Une belle expérience symbolique mais éphémère… C'est après s'être qualifiée pour la Coupe du Monde 1994 (États-Unis) que la Corée du Sud s'est portée candidate à l'organisation du Mondial 2002. Sauf que sa candidature concurrençait celle du Japon, candidat favori de la Fifa ! «*Au départ, la Corée du Sud avait proposé à celle du Nord une organisation commune, mais celle-ci a d'abord refusé. Et puis quand la Fifa a accepté le principe d'une co-organisation du Japon et de la Corée du Sud, Pyongyang a demandé à s'associer au projet coréen. Trop tard : Séoul a dit non !*»

On en vient donc à ce fameux Corée du Nord-Corée du Sud du 26 mars 2008 à Shanghai : *Chollima* contre guerriers *Taeguk* (surnom de la sélection sudiste)… Ce qui devait être le premier match d'éliminatoire en Coupe du monde disputé en Corée du Nord (120ᵉ au classement Fifa, à l'époque) contre son voisin du Sud (40ᵉ) s'est soldé par un 0-0, malgré les deux stars sud-coréennes, le capitaine Park Ji-sung (Manchester United) et Park Chu-young (AS Monaco). En face, un inconnu, Jong Tae-se, dit

« le Rooney du peuple », rendu célèbre au Mondial 2010 pour ses sanglots émus pendant les hymnes avant le match contre le Brésil. Issu de la minorité coréenne expatriée au Japon, où il est pro au Kawasaki Frontale, il a choisi le *Chollima*, expliquant en avoir assez des *« play-boys qu'on voit à Séoul ou à Tokyo »*... Austérité idéologique du Nord : pas de politique, on ne parle que de sport. Le martial sélectionneur Kim Jong-hun, sanglé dans son strict costard-imper d'apparatchik, débite du volontarisme estampillé : « *Bien sûr, on aurait préféré jouer ce match en Corée, à la maison... mais nos joueurs savent s'adapter à toutes les situations.* » Dans le stade bondé de Shanghai (20 000 spectateurs), le match fut décevant mais très correct, avec un seul carton jaune pour le sudiste Cho Won-hee. « *En football, entre nos deux pays, c'est très engagé, très physique. Mais dans un grand respect : on relève toujours un joueur tombé à terre. Les joueurs se serrent la main en se saluant très respectueusement avant et après les rencontres. Dans nos médias, il n'y a pas d'agressivité, pas de haine. Le sport avant tout ! En 2008, la Corée du Sud était confiante avant d'affronter le Nord. On se disait simplement :* "C'est un match, c'est du sport. Nous sommes mondialisés et performants". *L'objectif, c'était d'aller en Coupe du monde, pas de ne pas perdre un match.* » Face au Nord en blanc, la Corée du Sud a pu faire jouer son hymne *Aegukga* et déployer tous ses symboles nationaux. *« Le drapeau sud-coréen a été créé à la fin du* XIX*e* *siècle par un diplomate coréen en partance pour le Japon. C'est ce drapeau qui a été repris par la Corée du Sud actuelle, après la guerre de Corée. Notre emblème est le tigre bleu car notre territoire ressemble à un tigre dont le nord du pays serait la partie inférieure. Pour les Coréens, c'est un animal noble. Jusqu'à l'occupation japonaise, il y avait encore beaucoup de tigres. Les Japonais les ont décimés. Nos couleurs respectives sont le rouge, adopté par notre fédération, puis le bleu ou le blanc. Mais c'est compliqué : le rouge est à la fois couleur du communiste mais en Corée, c'est aussi la couleur traditionnelle de la passion... »*

Le marathon des éliminatoires reprend son cours. Le 22 juin 2008, au match retour du troisième tour, les deux Corées font match nul (0-0) à Séoul et se qualifient pour le round suivant. Où elles se retrouvent à nouveau dans le même groupe ! La première rencontre doit avoir lieu en septembre 2008. Sauf que le 11 juillet 2008, c'est la tragédie : *« Le drame de Kumkang… Kumkang est un très beau site touristique et symbolique en Corée. Il y a une très belle montagne visitée depuis des siècles d'où on peut voir la mer. Kumkang est située très près de la frontière, en Corée du Nord. Une touriste sud-coréenne a été tuée par un soldat nord-coréen. Un choc immense chez nous. Pendant la période de détente, c'était un site très visité par les Sud-Coréens. Le gouvernement de tendance de droite s'est crispé sur cet incident.* » Depuis février 2008, une nouvelle majorité politique conduite par Lee Myung-bak dirige la Corée du Sud : « *Un gouvernement du Parti Conservateur, donc une politique plus dure. Les gouvernements de la Gauche Centraliste accordaient des aides financières à la Corée du Nord. La droite a dit "stop !". D'où les nouvelles tensions entre nos deux pays. Avec Lee Myung-bak, les torts deviennent partagés. Il n'y a plus de soutien économique officiel vers le Nord, à la différence des investisseurs privés. Les gouvernants de gauche avaient initié la stratégie du rayon de soleil* (ou *sunshine policy*, comparable à l'*Ostpolitik* de Willy Brandt, autrefois, entre RFA et RDA)*: on soutient par l'argent en espérant que ça débouche à terme sur la réunification. C'est différent avec la droite : on isole au maximum la Corée du Nord, on ne l'aide pas, on la laisse dans la pauvreté et comme ça, on pense que le régime finira par tomber. C'est la stratégie de l'absorption…* »

C'est donc dans une situation tendue que les deux matchs du 4e tour se déroulent. Le 10 septembre, encore à Shanghai, plutôt qu'à Pyongyang, les Corées font 1-1 dans un stade quasi vide ! Au retour, le 1er avril 2009, à Séoul, les *Taeguk* l'emportent 1-0, un match serré, comme souvent entre les deux Corées. Les éliminatoires s'achèveront sur une sensation inattendue. Le 17 juin 2009, en matchs simultanés, la Corée du Sud, déjà qualifiée et menée 1-0 par l'Iran à Séoul, s'arrache pourtant pour égaliser 1-1 grâce à un but de Park Ji-sung, à la 81e minute. Ce match nul élimine in extremis l'Iran et qualifie la Corée du Nord, qui a décroché un bon 0-0 en Arabie saoudite ! Les deux Corées seront en Afrique du Sud. «*Nous étions déjà qualifiés et ensuite toute la Corée du Sud soutenait la Corée du Nord. Un soutien total*», affirme M. Koo, qui ne résiste pas à l'évocation d'un autre flash-back… En octobre 1993, le tournoi final de la zone Asie qualificatif pour le Mondial US 1994 a lieu au Qatar. La Corée du Sud quasi éliminée avant son dernier match décroche un sésame à sensations : elle bat le *Chollima* 3-0 quand, dans le même temps, le Japon fait un nul 2-2 contre l'Irak, qui la laisse à quai ! «*En Corée du Sud, nous parlons du miracle de Doha, alors qu'au Japon, ils l'appellent la catastrophe de Doha…*», nous gourmande Kyo-chan-Koo. «*Nous avons battu les Nord-Coréens 3-0 sans doute pas à 100 % puisqu'ils étaient déjà éliminés avant de jouer. Ils sont restés sur le terrain, comme nous, à attendre le résultat du Japon… Intérieurement, ils étaient plutôt "contents" de notre qualif. En tout cas, ils n'avaient pas l'air trop déçus. Attention ! Ils n'ont pas du tout lâché le match : ils ont vraiment joué !… En janvier 1994, le buteur irakien Jaffar Omran Salman, qui avait égalisé à 2-2 à la 90e contre le Japon, a été reçu en héros par la télévision sud-coréenne ! Son coéquipier irakien Jassim, lui, a été signé dans un club sud-coréen.*» Acquise dans la plus grande ferveur nationaliste anti-japonaise en Corée du Sud, cette qualif a grandement permis à Séoul de légitimer sa candidature pour le Mondial 2002…

De façon prévisible, la présence des deux Corées au Mondial sud-africain a inspiré gravement (ou avec humour[2]) les experts en géopolitique. En vain… Même la mini-crise de la *Fan Volunteer Army* a fait long feu. Réticent à envoyer ses supporters au Mondial sud-africain, le régime de Kim Jong-il a préféré offrir ses billets aux supporters chinois (la Chine n'étant pas qualifiée à la Coupe du monde) constitués en *Fan Volunteer Army* (les FVA), du nom des volontaires chinois partis soutenir le Nord contre le Sud durant de la guerre de Corée… «*Il n'y avait pas de supporters nord-coréens parce que ce n'était économiquement pas possible. Donc, il y eut appel aux supporters chinois. Les FVA, pour nous, ça avait peu d'importance*», élude M. Koo. Le clash attendu entre le Nord et le Sud n'aura pas lieu. Ni au premier tour, les deux nations étant dans le même chapeau (pas d'affrontements entre deux pays d'un même continent), ni plus tard, au vu de la faiblesse du Nord, éliminé au premier tour, après trois défaites contre le Brésil (1-2), la Côte d'Ivoire (0-3) et le Portugal (0-7), (la télévision nord-coréenne arrêtera net la retransmission en direct au pays après le quatrième but portugais…). À cause d'un football nord-coréen qui n'a plus rien fait depuis 1966, en boudant dans son coin jusqu'aux années 80. Son championnat un peu obscur d'une quinzaine de clubs adossés aux entreprises d'État et des corps de métier (métallos, armée, police) révèle le même isolement quasi autarcique du régime en place. Seuls, depuis 2007, quelques jeunes bons joueurs peuvent aller jouer à l'étranger (en Europe, notamment en Russie). Au contraire de la Corée du Sud, parvenue une fois de plus en huitièmes (éliminée par l'Uruguay, 1-2), grâce aux bienfaits de la mondialisation «heureuse». Le talent de ses bons joueurs expatriés en Europe égale la compétence du sélectionneur du cru, Huh Jung-moo, successeur de

2. In http://acontrefootball.football.fr/post/2010/06/15/La-(Seconde)-guerre-du-football-n-aura-pas-lieu?post_id=196593&vote=yes&mode=url (page consultée le 8 janvier à 22 h 44.

techniciens étrangers pédagogues (les Néerlandais Guus Hiddink – dieu vivant en Corée du Sud depuis l'épopée du Mondial 2002 –, Jo Bonfrère, Dick Advocaat, Pim Verbeek ou le Portugais Humberto Coelho). La Corée du Sud consolide l'indice Fifa général de l'Asie, indispensable pour conserver un important nombre d'équipes à la Coupe du monde. C'est aux JO 2012 de Londres que les deux nations se retrouveront très fortuitement... Au tournoi olympique de foot féminin, avant le Corée du Nord-Colombie, à l'Hampden Park, les officiels présentent le drapeau sud-coréen... Après une heure de véhémentes protestations, le match se joue (2-0 pour les Coréennes) et entraînera ensuite les excuses solennelles de Jacques Rogge et de David Cameron. « *Ce genre de situation est déjà arrivé !* », rigole M. Koo. « *Mais il y a une différence de réaction entre ceux du Nord et nous ! Nous autres, on ne se met pas en colère : on joue d'abord et on proteste ensuite. En Corée du Nord, on prend les choses mal, on se met en colère : on proteste d'abord et ensuite on joue.* » Entre le *Chollima* et les *Taeguk*, le bilan actuel validé par la Fifa est arrêté à 15 matchs depuis 1978 : 7 victoires pour le Sud, 7 nuls et 1 victoire pour le Nord. Un décompte erroné, selon M. Koo : « *Officiellement, il y a eu 15 matchs. En fait, il n'y en a que 14, avec 6 victoires pour nous. Car pour la fête nationale du 15 août, date de la fin de la guerre en 1945 et de la fin de l'occupation japonaise, les deux pays avaient symboliquement organisé une rencontre amicale à Séoul la veille, 14 août 2005, pour fêter les soixante ans de la Libération nationale. Nous avions gagné 3-0, mais les deux pays s'étaient entendus pour ne pas considérer comme officiel ce match particulier... Les deux Corées s'entendent bien sur le plan sportif. Il y a toujours des échanges de sportifs d'un pays vers l'autre. Au FC Bâle, le Sud-Coréen Park Joo-ho joue avec Pak Kwang-ryong, le Nordiste, et ils s'entendent bien. L'équipe de Corée du Nord s'installe gracieusement à Paju pour ses stages et ils sont très bien accueillis. Peut-être que l'année prochaine, des joueurs nord-coréens pourraient venir jouer en championnat sud-coréen. Ce serait un vrai symbole de détente. Nos deux fédés discutent, mais le Nord traîne des pieds…* »

M. Koo a l'optimisme communicatif et la foi presque insensée de ces Allemands de RDA et de RFA qui avaient la certitude inébranlable de voir un jour de leur vivant la réunification de leur *Heimat*. « *La Corée du Nord fait bien sûr peser une menace atomique sur la région. Mais nous ne la craignons pas exactement. Nous sommes ennemis de la Corée du Nord, mais nous sommes frères… La réunification est notre but commun malgré les tensions et le conflit d'autrefois : 90 % des Coréens, Sud et Nord confondus, veulent la réunification.* Arirang *est un symbole fort, neutre et sans idéologie. Un des vers de la chanson dit :* "Notre souhait est l'unité"*. Lors des rencontres diplomatiques entre nos deux pays, les délégations chantent parfois ensemble cette chanson.* »

États-Unis - Iran
1-2

21 juin 1998
Stade Gerland de Lyon (France)

Premier tour de la Coupe du Monde 1998

« *BOMB-BOMB-BOMB! BOMB-BOMB IRAN!* » L'Amérique connaît ses classiques. En 1980, Vince Vance and the Valiants, un obscur groupe de New Orleans, cartonne aux États-Unis avec *Bomb Iran*, une reprise barbare du *Barbara Ann* des Beach Boys. Bombardez l'Iran… « *Went to a mosque, gonna throw some rocks/ Tell the Ayatollah, "Gonna put you in a box!"/ Bomb, bomb, bomb, Bomb, bomb Iran!* » (« J'suis allé à la mosquée/ J'y ai balancé des roquettes/ J'ai dit à l'Ayatollah : toi, t'es bon pour le cercueil »). L'Amérique adore : numéro 1 au *Billboard* Bubbling Under Hot 100 Singles. Pourquoi tant de haine ? À cause de la prise d'otages à l'ambassade américaine de Téhéran. Depuis le 4 novembre 1979, 52 diplomates américains sont captifs des étudiants islamistes. Neuf mois plus tôt, en février, l'ayatollah Khomeyni avait chassé le chah et instauré la République islamique d'Iran. Double coup dur pour les États-Unis, qui soutenaient étroitement, depuis 1953, le régime dictatorial du souverain Mohammad Reza Pahlavi, ainsi qu'une place géostratégique cruciale au Moyen-Orient. Une mainmise yankee haïe du peuple iranien, la CIA ayant notamment formé la Savak, la police politique sanguinaire du régime… Pour ne rien arranger, le président Carter avait accueilli aux États-Unis le chah en fuite. Humiliation assénée à l'Oncle Sam, la prise d'otages en rétorsion de l'asile accordé au chah allait provoquer la rupture diplomatique entre les deux pays. La captivité forcée des 52 Américains durera 444 jours… L'Amérique, impuissante, en était toute traumatisée. Même les bondissants Stray Cats y allèrent en 1981 d'un coup de griffe plus new wave que rockab', avec leur *Storm the Embassy* (« Attaquez l'ambassade ! »), « Storm the Iranian embassy/ Before they start shootin' at you and me »…

Après l'embargo de l'Iran, et surtout après le gel de ses avoirs décidé par l'Amérique de Reagan, les dix-huit années qui suivent ne sont que tensions agressives entre les deux pays. La Révolution iranienne chiite menace les royaumes sunnites pro-occidentaux dans la zone d'influence américaine moyen-orientale. Un jeu de rôles très « démoniaque » s'installe dès lors : satanisation (l'Amérique, « grand Satan ») contre diabolisation (l'Iran, « État voyou »)… Les crises à répétition se succèdent : l'Irangate (1985), le boycott du pétrole iranien et le renforcement du blocus économique du pays (1987), l'Airbus A300 d'Iran Air abattu par erreur par le croiseur USS Vincennes (juillet 1988, 290 victimes civiles), guerre du Golfe (1990-1991), attentat anti-américain de Khobar, en Arabie saoudite, supposément attribué à l'Iran (juin 1996). Et enfin, l'affrontement titanesque : lors du tirage au sort de la Coupe du Monde 1998 du 4 décembre 1997, l'Iran et l'Amérique se retrouvent dans le même Groupe F ! Une illustration symbolique du fameux *Choc des civilisations* (*The Clash of Civilizations*, 1996) théorisé par Samuel P. Huntington ? Le soir du tirage, Alan Rothenberg, le président de la fédé américaine, qualifie pourtant avec humour le match de « *mère de tous les matchs* » (*the mother of all games*, allusion à Saddam Hussein lors de la guerre du Golfe). Pareille décontraction de Mister Rothenberg s'explique en fait par un changement de donne récent. En mai 1997, le mollah réformateur Mohammad Khatami a gagné l'élection présidentielle, à la surprise générale, contre le président du Parlement iranien, le très conservateur Ali Akbar Nategh-Nouri. Porté par les espoirs de changement du jeune électorat qui l'a fait roi (la majorité des 67 millions d'Iraniens a moins de 25 ans), Khatami avait rapidement instauré un début de normalisation des relations avec la présidence Clinton, prise de court… Intérieurement, la qualification de l'Iran au Mondial 98 avait aussi desserré le carcan d'un pays jeune mais gouverné en théocratie par les vieux mollahs. La nation perse pouvait enfin renouer avec le foot mondial après un long tunnel de vingt ans et une participation au Mondial 78 en Argentine. La faute à l'ayatollah Khomeyni ! Comme l'a décrit Yvan Gastaut (dans *Histoire politique des coupes du monde de football*, 2006), en 1979 sont survenus « *la Révolution islamique et le coup d'arrêt brutal à l'essor du football, assimilé à la culture décadente importée d'Occident. Khomeyni déclare que* "le sport est une activité futile et condamnable". *En s'emparant du pouvoir, le foot devient une cible du nouveau régime et périclite* ». Sans compter qu'avec la guerre Iran-Irak (1980-1988), la Fifa interdit toutes les rencontres internationales aux deux pays belligérants… Le black-out des mollahs sur le sport éteint pour dix ans une véritable passion populaire. Une passion pour le foot souvent portée à l'écran par Abbas Kiarostami, avec *Le Passager*, sorti en

1974 (Hissan, môme de 12 ans, fugue à Téhéran pour aller voir jouer l'équipe d'Iran), ou avec *Et la vie continue,* sorti en 1992 (dans un village ravagé par un tremblement de terre, on s'efforce tant bien que mal de capter à la télé la Coupe du Monde 1990 en Italie). Du temps du chah (passionné de ballon rond) et de sa grande politique sportive d'État, l'Iran, avec son championnat national bien structuré, dominait le football asiatique, fut champion d'Asie en 1968, 1972, 1976, et victorieux du Tournoi asiatique 74. Cette suprématie fut validée par la qualif pour le Mundial 78 en Argentine. Une pareille réussite en foot, et dans d'autres sports, saluée par le chah, lui fera longtemps caresser l'espoir d'organiser les JO de 1980 à Téhéran, finalement attribués à Moscou. Le Qatar, animé des mêmes velléités de prestige par le sport, réussira son coup, pour sa part, en décrochant la Coupe du Monde 2022… En 1989, le foot se relance avec un match international contre le Japon au gigantesque Stade Azadi (2-2). L'Iran, qui a régressé, manque en 1993, au Qatar, la qualif pour le Mondial US 1994 et ne concrétise pas le vœu secret du régime de Téhéran d'aller faire flotter le drapeau national sur le sol américain… Partie remise ! L'Iran se qualifie pour le Mondial suivant, en France, le 29 novembre 1997, grâce à un nul 2-2 contre l'Australie au Cricket Ground de Melbourne (1-1 à l'aller à Téhéran). Un événement considérable, fêté dans tout le pays. Le peuple est dans la rue, ce qui ne manque pas d'inquiéter le pouvoir en place… En conséquence, le nouveau président Khatami suit le mouvement et envoie un message de félicitations pour cette «*victoire précieuse*». Le retour des héros accueillis au Stade Azadi en délire marque un épisode impressionnant : la descente soudaine dans les travées de plusieurs milliers de femmes. Elles ont bravé l'interdit islamique officiel de se rendre dans un stade ! Le 7 janvier 1998, sur *CNN*, le président Khatami expose sa politique de rapprochement diplomatique avec les États-Unis. Bill Clinton lui répond le lendemain, en enregistrant une déclaration vidéo diffusée en Iran. Il y évoque notamment la rencontre de foot entre les deux pays, programmée le 21 juin, à Lyon. Une certaine « diplomatie du football » se met en place.

Dans son guide de la Coupe du monde, *France Football* avait attribué dans ce Groupe F dominé par la Yougoslavie et l'Allemagne une cote minimale de deux étoiles sur six aux États-Unis, et une seule à l'Iran. Logique. « *Une seule rencontre compte véritablement aux yeux des Iraniens : celle contre les États-Unis, le 21 juin, à Lyon. En cas de victoire contre leur ennemi politique, les Iraniens rentreront en héros à Téhéran.* » Bien vu, la Bible ! Les honnêtes Américains drivés par Steve Sampson rêvent, eux, de refaire le coup de USA 94, en accédant encore aux huitièmes de finale. L'Iran, emmené par son trio d'attaque évoluant en Allemagne, Ali Daei et Karim Bagheri (Arminia Bielefeld), et Khodadad Azizi (FC Cologne), a du répondant. Pour son premier match, l'Iran s'incline contre la Yougoslavie, à Saint-Étienne, sans démériter (0-1), alors que les États-Unis s'inclinent contre l'Allemagne (0-2). Le USA-Iran du 21 juin au stade Gerland de Lyon s'avère donc décisif : le perdant sera éliminé ! Outre les « risques » d'attentats terroristes, le caractère exceptionnel de ce match pas ordinaire crée d'abord des difficultés protocolaires. « *Les USA étaient l'équipe qui recevait et l'Iran l'équipe visiteuse. Donc, selon le règlement Fifa, les joueurs iraniens devaient se diriger vers les Américains pour leur serrer la main. Problème… Le Guide suprême de la Révolution, l'ayatollah Khamenei avait donné l'ordre express à l'équipe iranienne de ne pas aller au-devant de l'équipe américaine* », rappelle l'Irano-Américain Mehrdad Masoudi, officier Fifa délégué pour la rencontre.

Finalement, Masoudi négociera un compromis qui verra les Américains aller serrer la main des Iraniens... Autre problème : la présence suspectée, à Gerland, d'au moins 7 000 opposants au régime des Mollahs, les Moudjahiddines du Peuple, basés en Irak. Pour ce match classé à haut risque par la Fifa, Masoudi et les services de sécurité français doivent parer toute manifestation politique visible à l'écran, y compris un envahissement de terrain. On renforce le dispositif policier et on avise les réalisateurs de la télévision de ne filmer dans les tribunes aucune démonstration militante. Nouveau hic : la veille du match, la chaîne *M6* (0 % foot à l'époque) a programmé le film *Jamais sans ma fille*. Or, ce film, tiré du roman best-seller de Betty Mahmoody, raconte les galères d'une Américaine et de sa fille séquestrées en Iran, pays natal de leur époux et père... Une menace de boycott iranien plane un moment sur le match. À Téhéran, on n'apprécierait que moyennement la diffusion du film. La délégation iranienne à Lyon va même jusqu'à accuser le gouvernement français (autrefois « petit Satan », il ne faut pas l'oublier !) de complot anti-iranien et de tentative de déstabilisation avant le match crucial. *M6* s'excuse mais ne déprogramme pas. Finalement tout rentre dans l'ordre. Le match aura bien lieu. Mais on n'en fait jamais assez... Le jour du match, Bill Clinton fait une déclaration à l'image du climat apaisé : « *Alors que nous célébrons aujourd'hui un match entre les sportifs de nos deux pays, j'espère qu'il pourra constituer un nouveau pas vers la fin de l'hostilité entre nos nations.* » Même approche fleurie, du côté iranien, narrée par Mehrdad Masoudi : « *Le président de la fédération iranienne souhaitait faire de ce match l'occasion de donner de son pays l'image la plus favorable. Il demanda au régisseur de la sélection d'acheter un bouquet de roses blanches que les joueurs iraniens offriraient à leurs adversaires américains. Les roses blanches sont symbole de paix en Iran.* »

Du côté des joueurs américains, le héros de 1994, Alexi Lalas, éludera en partie le climat politique qui entoure le match. Il déclare ainsi, à propos de la prise d'otages de 1979, qu'il n'avait que 9 ans à cette période, avouant n'en avoir conservé qu'un vague souvenir : « *Tout ce que j'avais compris à l'époque, c'était que les Iraniens sont méchants et les Américains gentils.* » Pas dupe, Lalas n'ignore rien de l'engouement médiatique autour du match dans son pays : « *Les médias américains insistent sur la politique parce qu'ils ne connaissent rien au football.* » Même regard rétrospectif de son coéquipier Earnie Stewart, 40 ans aujourd'hui, et membre du staff technique du club néerlandais AZ Alkmaar. Il a été l'un des acteurs de ce match, entré en jeu à la 57ᵉ alors que son Team US était mené 1-0. Earnie n'a jamais entendu parler de la chanson *Bomb Iran !*, mais il se souvient surtout du climat ultracompétitif du match : « *Déjà j'étais remplaçant et pas très heureux de l'être. Il y avait bien sûr un contexte de rivalité politique entre l'Iran et les États-Unis mais nous n'avions qu'une seule idée en tête, elle était sportive : gagner. On partait a priori favoris pour ce match. L'équipe des USA avait un certain crédit avant la compétition. On avait l'équipe pour gagner ce match… mais pas l'équipe pour bien figurer dans ce tournoi. En fait, on n'était pas assez bons, alors on a perdu contre l'Iran, 2-1. Rien n'a marché pour nous. On était pourtant tous au top, individuellement et dans nos clubs respectifs, mais on a perdu nos trois matchs de poule. Nous étions en France mais on m'a dit plus tard qu'au pays, les médias parlaient beaucoup de ce match pour des raisons politiques. Mais nous, on était une fois de plus focalisés sur notre objectif : gagner ce deuxième match, après avoir perdu contre l'Allemagne. En tant que remplaçant, je n'ai pas participé à cette photo d'avant le match où joueurs américains et iraniens s'étaient mélangés. Et je n'ai donc pas reçu de bouquet de fleurs. C'était une bonne idée de rassembler les joueurs pour cette photo afin d'évacuer un peu ce contexte politique, et ce, en dépit des différends entre nos deux pays. Les fleurs, avant le match, c'était un très beau geste de la part des Iraniens. Mais même au moment de la photo, on était obsédés par la victoire ! Mais une victoire sportive, et non pour des motifs politiques. Je n'ai pas ressenti d'agressivité particulière de la part des Iraniens, comme s'ils voulaient à tout prix "battre les Américains". Pour nous, ce n'était qu'un match. Je vous assure que, dès que l'arbitre siffle l'engagement, on ne pense plus qu'à jouer et on oublie le "contexte". On aurait fait exactement de même en jouant l'Australie ou le Japon… Nous n'avions pas non plus de "ressentiment" contre les Iraniens, on a tous donné le meilleur de nous-mêmes, mais ça n'a pas suffi. "Penser politique" durant le match, c'est impossible, tu es focalisé sur le jeu et le résultat. Après la rencontre, tu as un peu plus conscience de l'événement. Une sorte de moment historique bien réel.* »

À Gerland, devant 40 000 spectateurs majoritairement en faveur de l'Iran, les joueurs américains se sont fait surprendre comme des bleus. Leur domination globale, bien que stéréotypée (on écarte sur les côtés, et on centre sur la tête de McBride), s'est heurtée au bloc iranien sans génie mais redoutablement efficace sur contres. En dépit de leurs trois poteaux et barres, Estili avant la mi-temps (40e) et Mahdavikia (84e) donneront la victoire à l'Iran, malgré une réduction du score de McBride (une tête enfin victorieuse à la 87e). La joie des joueurs iraniens, restés longtemps sur le terrain, prendra des allures de victoire en finale de Coupe du monde ! *CNN Sports Illustrated* se désole : « *Pour une fois qu'un grand match de football était enfin de nouveau grandement médiatisé aux USA, les Américains humiliés ont été éliminés par l'une des plus faibles équipes du tournoi.* » Le milieu américain Cobi Jones est détruit : « *Quatre ans de travail partis en fumée en une semaine…* » « *J'ignore si cette défaite affecte la fierté nationale. On a surtout perdu en leur laissant trop d'occases de l'emporter* », se lamente le gardien Kasey Keller. Steve Sampson refait le match (« *On aurait pu gagner facilement en en plantant trois ou quatre ce soir* »), alors que son confrère iranien Jalal Talebi a le triomphe modeste :

« *C'est une grande victoire pour la nation iranienne. Non pas parce que c'était contre l'Amérique, mais parce que c'était la première victoire de l'Iran en Coupe du monde.* » Au pays, c'est *good cop & bad cop*. Si Khatami exprime une satisfaction modérée en saluant la victoire de *« l'unité nationale au-delà de la diversité des opinions »*, l'ayatollah Khamenei enfonce les États-Unis, puis félicite ses joueurs : « *Ce soir encore, l'oppresseur puissant et arrogant a éprouvé le goût amer de la défaite que nous lui avons infligée. Réjouissez-vous d'avoir rendu la nation iranienne si heureuse.* » Des centaines de milliers d'Iraniens descendent dans la rue pour fêter la victoire, dont les femmes, qui bravent encore l'interdit de manifester publiquement leur enthousiasme. Dans une rue en liesse, un jeune homme témoigne à la *BBC TV* du vent de folie libertaire qui s'empare du pays : « *Cet événement est une bonne occasion pour les filles et les garçons de pouvoir se mélanger. C'est une situation politique, dans un sens, parce qu'elle exprime une demande de changement social.* » Plus tard, on sentira même poindre chez Mehrdad Masoudi le regret d'une insurrection manquée : « *Quand l'Iran s'était qualifié pour la Coupe du monde face à l'Australie, tout le pays avait fêté cet événement. Les gens dansaient dans les rues de Téhéran, buvant ouvertement de l'alcool, et les femmes s'étaient débarrassées de leurs longues écharpes. Les gardiens de la Révolution ne bronchaient même pas vu qu'ils étaient eux aussi heureux : ils étaient fans de foot avant d'être des Pasdarans. La victoire de l'Iran à France 98 a ravivé ces émotions et ces célébrations. Le régime iranien était effrayé par cette liesse libératrice…* » Le lendemain du match, la chaîne de télévision d'infos américaine *PBS* organise un débat de haute tenue autour de la « diplomatie du Football » (*Soccer diplomacy*) qui fait écho à la déclaration d'après-match du défenseur américain Jeff Agoos (« *On a fait plus en 90 minutes que les politiciens en 20 ans* »). Les intervenants spécialistes des affaires iraniennes louent le climat chaleureux qui a présidé au match USA-Iran. Tout en observant une certaine prudence, tous estiment que des conditions objectives raisonnables convergent (« *The prospects have never been better*») pour instaurer une diplomatie apaisée désormais plus constructive entre les deux pays *(«A persian proverb says : Everything's difficult, but everything is possible»)*.

La réussite totale de ce match apparaît comme un succès du génie universaliste français… À Lyon, capitale des goals, c'est la France de Jules Rimet, père de la Coupe du monde et de la Fifa, qui a magnifiquement présidé à ce match. Une belle partie avec des buts, disputée dans le plus pur esprit sportif coubertinien, et placée par la Fifa sous l'égide de la Journée du fair-play. Un beau dimanche 21 juin, jour du solstice d'été et de la Fête de la Musique. Au plateau d'argent offert au capitaine Thomas Dooley et aux roses blanches offertes par les Iraniens, les joueurs américains ont répliqué en leur donnant un joli fanion de la fédé américaine. La photo très *brother & brother* des joueurs des deux équipes mélangés rouge et blanc juste avant le match est restée inoubliable… Il fallait un arbitre d'une neutralité alpestre, et c'est le gentil Suisse Urs Meier qui a officié au sifflet. Plus tard, le bon Urs révélera que ce match avait été son souvenir le plus émouvant, qu'il en avait même pleuré juste avant la rencontre parce qu'arbitrer ce match si particulier, son premier en Coupe du monde, «*c'était l'accomplissement de [sa] carrière, comme atteindre le mont Everest, si vous voyez*». Au jour le plus long d'une douce soirée encore ensoleillée, c'est la France de la croissance repartie et de la cohabitation sans nuage qu'on célèbre également, celle du bon président Chirac et de son bon Premier ministre, Lionel Jospin. C'est aussi la France laïque qui a arbitré le duel de deux pays très religieux, l'un très chrétien et l'autre très musulman. Aucun incident diplomatique à déplorer : même les réalisateurs de télévision ont soigneusement évité de cadrer les militants iraniens anti-mollahs qui, dans les travées latérales, ont exhibé des T-shirts et des posters à l'effigie de Massoud Radjavi. «*Je les ai peut-être vus. Mais je ne veux pas me mêler de ces choses-là*», éludera le sage Talebi… Une France si France et si Monde, celle du film de chez nous *On connaît la chanson* césarisé cette année-là et celle plus planétaire du *Clandestino* de Manu Chao, a fait régner la Concorde entre l'Amérique et l'Iran. France 98 a exaucé les vœux universalistes de France 1789 en célébrant la «fraternitude football»: «*Quand la France rencontre une grande idée, elles font, ensemble, le tour du monde*» (François Mitterrand)… Une défaite face à l'Allemagne (0-2) élimina ensuite l'Iran. À leur retour au pays, les joueurs persans sont fêtés comme des héros et leur parcours méritoire célébré comme une victoire. La «diplomatie du football» contribua à normaliser un peu plus les relations entre Iran et États-Unis. En janvier 2000, la sélection iranienne se rendit chez l'ancien grand Satan pour disputer trois rencontres dans l'Ouest américain, le vrai, dont une, mémorable, à Pasadena. Pour le plus grand bonheur des centaines de milliers d'exilés iraniens (André Agassi est d'origine iranienne). La tournée américaine des footeux iraniens sera encore l'occasion de louer la France. «*À bien des aspects, ce match amical USA-Iran de Pasadena est d'une dimension plus significative que celui de France 98 parce que c'est un vrai match amical. Mais Pasadena n'a pu se réaliser que parce que le déroulement du match de Gerland avait été un succès*», reconnaîtra alors Masoudi. Ce sont peut-être les mêmes sentiments de compréhension mutuelle qui inspirent maintenant Earnie Stewart, quand il déclare: «*Je pense qu'aujourd'hui on pourrait faire jouer un nouveau mach entre l'Iran et les États-Unis; si on essayait, je pense que ça ne poserait pas de problèmes.*» Ah! Refaire le coup de Gerland… Parce qu'après les attentats du 11 septembre 2001 (condamnés à l'époque par Téhéran) et l'élection de George Bush Junior puis celle de Mahmoud Ahmadinejad, les tensions diplomatiques ont repris de plus belle. Depuis Bush Jr, la République islamique d'Iran est redevenue État voyou (*rogue state*), composante de l'Axe du mal. La menace nucléaire (bombe A iranienne *or not*?) fait toujours planer l'éventualité d'une « attaque préventive » israélienne de l'Iran, avec le feu vert de son grand allié américain… En 2007, lors de la campagne présidentielle américaine de 2008, le sénateur et candidat républicain John McCain tenait un meeting à Murrells (Caroline du Sud). À une question du public sur une possible action militaire contre l'Iran, le bon John répondit en se référant à ce « *vieux morceau des Beach Boys* », puis en se mettant à fredonner « *Bomb-bomb-bomb, bomb, anyway, ah…* » Aux critiques virulentes des démocrates, John « Candide » McCain plaidera la plaisanterie. « *Ol' Uncle Sam's gettin' pretty hot/ Time to turn Iran into a parking lot/ Bomb-bomb-bomb, Bomb, bomb Iran!* »

Allemagne – Grèce
4-2

22 juin 2012
Stade Arena Gdańsk (Pologne)

Quart de finale de l'Euro 2012

Angela bondit de joie ! L'Allemagne vient de reprendre l'avantage 2-1 grâce à un but fabuleux de Sami Khedira ! Angela, fille de pasteur protestant et Ossie d'ex-RDA, se lâche… À sa gauche, le président de la fédé foot allemande Wolfgang Niersbach a bondi d'allégresse, lui aussi. Le bon Michel Platini est resté placide, neutralité UEFA oblige. Angela exulte, les bras levés, telle une brave supportrice du Fortuna Düsseldorf. Soulagement : 2-1 à la 61e minute alors que le Grec Samaras avait égalisé à 1-1 juste six minutes auparavant. Là, c'est plié ! La Mannschaft va se qualifier pour les demies. Trop forte l'Allemagne ! Il suffit, pour s'en rendre compte, de visionner encore aujourd'hui le match sur *YouTube* pour voir apparaître, en bas de l'image, une annonce pub en incrustation d'un modèle BMW hyper classe… Comme prévu, la supériorité allemande a prévalu : le 4-2 infligé aux

Hellènes ne souffre aucune contestation. Dans un autre Allemagne-Grèce imaginé par les Monty Python, dans les années 70, les philosophes grecs emmenés par Platon, Aristote et Archimède battaient 1-0 l'équipe allemande formée par les Kant, Marx, Schopenhauer. Socrate avait marqué de la tête. En juin 2012, le rapport à l'Antiquité grecque apparaît nettement dans le contexte hors football de la crise de la dette grecque : c'est à la fois le tonneau des Danaïdes, vu de Berlin, et le lit de Procuste, vu d'Athènes... Les Grecs n'en peuvent plus de devoir subir, depuis l'année 2009, les cures d'austérité draconiennes imposées selon eux par l'Allemagne, d'abord, via l'Union européenne, et par le FMI, ensuite. La vertueuse Allemagne, très préoccupée par la quasi-banqueroute de ce pays du Club Med qui fait vaciller toute la zone euro, accompagne régulièrement les nombreux plans d'aide européens à Athènes de ses sévères remontrances. Déjà, en février 2012, trois ministres allemands, Schäuble, Westerwelle et Rösler, s'impatientaient du peu d'entrain effectif des paniers percés du Péloponnèse à réformer leurs finances publiques : «*Les promesses de la Grèce ne nous suffisent plus. Ils doivent, lors d'un nouveau programme, d'abord mettre en œuvre les parties de l'ancien programme et économiser.*» «Diktat» est un mot germanique... Mêmes admonestations de la part d'Angela Merkel, qui ne rigole jamais avec l'orthodoxie budgétaire. «*Ce qui est arrivé en Grèce est complètement inadmissible : que pendant des années on puisse falsifier ses statistiques*», avait-elle fulminé... Angela s'est donc crue autorisée à intervenir dans la vie politique grecque ! Car c'est l'autre événement pressant du moment : le dimanche 17 juin 2012, en plein Euro, se tiennent des élections législatives cruciales en Grèce. La veille, Madame la Chancelière avait donc appelé ses citoyens à voter pour la *disziplin* budgétaire : «*Il est tellement important que ces élections aboutissent à un résultat par lequel ceux qui formeront un gouvernement diront : Oui, nous voulons nous tenir aux engagements.* » Une sacrée ingérence dans les affaires intérieures d'autrui qui renforce au pays une hostilité antiallemande déjà bouillante. La solidarité méditerranéenne implicite, sans doute, a fait réagir en premier Fernando Santos, le coach portugais de la Grèce. Le Portugal étant aussi dans la tourmente budgétaire. Ce samedi 16 décembre, tout de suite après la victoire qualificative pour les quarts face à la Russie (1-0), Santos reprend (sans la nommer) Angela de volée : « *Nous sommes inspirés par l'histoire de Grèce. Le peuple grec est fier de son histoire, et cela mérite le respect. La civilisation, la démocratie et les sciences ont commencé en Grèce. C'est difficile pour les autres de nous donner des leçons.* » Le match Allemagne-Grèce est lancé ! Même si la rencontre ne deviendra effective que le lendemain, dimanche, après la qualification en quarts de la Mannschaft victorieuse du Danemark (2-1)…

Au moment où débute l'Euro 2012, le 8 juin, la situation économique et sociale de la Grèce est dramatique. Outre un taux de chômage de 22,6 %, l'organisation humanitaire *Caritas Internationalis* s'alarmait, en mars, de l'apparition de « *nouvelles catégories de pauvres* ». Auparavant, le journal médical britannique *The Lancet* avait rapporté une étude sur les ravages sociaux observés depuis le début de la crise : « *Des tendances très inquiétantes : un doublement des cas de suicides, une hausse des homicides, une augmentation de 50 % des infections au virus HIV et des gens qui nous disent que leur santé a empiré mais qu'ils ne peuvent plus consulter de médecins même s'ils devraient le faire.* » Le rapport évoque aussi le recours en augmentation à la prostitution pour parvenir à subsister. Le foot n'échappe évidemment pas au marasme, comme en témoigne, à la veille de l'Euro, dans *L'Équipe*, Giorgos Karagounis. À 34 ans, le capitaine de l'équipe de Grèce et héros de l'Euro 2004 est sous contrat avec le Panathinaïkós, qui ne le paye plus depuis le début de la saison : « *Bien sûr que le joueur grec ressent la crise. Il ne sait pas si le championnat va continuer, s'il va trouver une équipe. Et ça, ça déstabilise… Il y a des joueurs qui ne sont pas payés depuis un an. Il y a moins de monde dans les stades parce que les gens ont plus de difficultés à s'acheter des places. Autour de toi, il y a tant de chômeurs, tant de personnes en dépression ou qui n'ont pas à manger. La tristesse est partout.* » À tort ou à raison, l'Allemagne, principale créancière inflexible de la zone euro quand la Grèce en est sa plus grande débitrice, apparaît aux yeux du peuple hellène comme la responsable de tous ses malheurs. Les manifs anti-austérité sont sans équivoque : le 17 février 2012, à Athènes, des manifestants brûlent comme ils le font souvent des drapeaux nazis. Car l'inconscient collectif grec est aussi chargé du souvenir douloureux de l'occupation allemande durant la Seconde Guerre mondiale (avril 1941-octobre 1944)… Sans entrer dans les détails, le peuple grec fut l'un des peuples européens les plus martyrisés par les hordes hitlériennes, avec ceux de Pologne et de Russie. Le pays perdit 400 000 habitants, entre 1941 et 1945. De grands historiens affirment que la résistance absolument héroïque de la Grèce a permis de retarder l'invasion de l'URSS par Hitler, stoppée quelques mois plus tard par l'hiver sibérien de 1941-1942, et prélude à sa défaite. De ce jour, le Monde libre aurait souscrit une dette éternelle auprès de la patrie d'Homère… L'occupation nazie d'autrefois, la crise sociale présente imputée à l'Axe Berlin-Bruxelles ainsi qu'un machisme méditerranéen latent, tout concourt donc à clouer au pilori la pauvre Angela dont la Grèce a fait son punching-ball. Sitôt la qualif acquise et le quart contre l'Allemagne fixé au vendredi 22 juin, à Gdańsk, les médias grecs se déchaînent. « *Donnez-nous Merkel !* », fanfaronne le site *Goal News*, qui joue aussi sur le double sens du mot « Euro » (la compète de foot et la monnaie unique continentales) : « *Vous ne pourrez jamais bouter la Grèce hors de la zone euro !*». Même humour chez le quotidien sportif *Protathlitis* : «*Notre grande équipe est restée… dans l'Euro… zone*». *Sport Day* défie Merkel («*Angela, tenez-vous prête ! Vous avez vu comment vos débiteurs se sont qualifiés ?*»), quand *Metro Sport* se fait revanchard : « *Vous nous imposez votre FMI, nous mettons en pièces votre Euro.* » Huit ans plus tôt, les médias grecs avaient déifié de son vivant Otto Rehhagel, l'entraîneur allemand qui avait emmené des Hellènes très spartiates à la victoire de l'Euro 2004, au Portugal… En Allemagne, certains journaux populistes comme le *Bild* («*Pauvres Grecs, on va vous mettre en banqueroute gratuitement cette fois*») ont répliqué parfois avec des unes méprisantes sur ces Européens trop méridionaux.

En novembre 2012, le regard rétrospectif du citoyen allemand Dietrich Schulze-Marmeling reste d'abord fixé sur l'avant-match. Historien allemand du football et supporter du Borussia Dortmund, il restitue le sentiment général, «vu d'outre-Rhin», durant les jours qui précédèrent cet Allemagne-Grèce : «*Ce match avait bien sûr une dimension particulière en Allemagne, par rapport aux Grecs et à la crise de l'Euro. Mais si à l'étranger, on a essayé "d'attiser la haine" comme pour nos matchs à rivalité classique contre les Pays-Bas ou l'Angleterre, en Allemagne, ça n'a pas vraiment été le cas, sauf du côté de la Boulevardpresse* (la presse à scandale, ndla). *C'est d'ailleurs bizarre d'avoir voulu véhiculer cet "antagonisme", parce que les Grecs font partie des communautés les mieux intégrées d'Allemagne, si ce n'est la mieux intégrée. Il y a des Grecs qui travaillent ici en Allemagne et nous, on va chez eux pour les vacances. Et puis notre relation avec la Grèce n'est pas aussi chargée d'histoire qu'avec les Pays-Bas, si proches, ou l'Angleterre. Bien sûr, il y a cette image des Allemands en Grèce, avec Merkel, les Panzer, les nazis, les croix gammées. Tout ça irrite les Allemands. Le problème, c'est qu'en Allemagne, personne ne sait rien sur ce qu'a fait l'Allemagne nazie en Grèce durant la Seconde*

Guerre mondiale. On sait que les nazis ont occupé les Pays-Bas, la France, qu'ils ont annexé l'Autriche, etc., mais personne ne connaît les crimes qu'ils ont commis en Grèce. » Plutôt de sensibilité de gauche, Dietrich Shulze-Marmeling n'accable par pour autant la chancelière Merkel, dont la présence à l'Arena de Gdańsk a pu passer pour une provocation aux yeux des Grecs : « *Angela Merkel n'est pas le genre de personne à provoquer les gens. Elle a assisté au match parce qu'elle a été invitée, voilà tout. Il me semble qu'en plus, elle a tenu à placer une barrière entre ce qui relevait de la politique et ce qui relève du football. Par contre, je pense qu'elle a été irritée par la manière dont elle a été caricaturée en Grèce. Un Helmut Kohl aurait pu l'être de cette façon, ça aurait été compréhensible, cette image du "Panzer", etc. Merkel ne renvoie pas cette image, elle.* » Place au foot, désormais ! Le rapport de forces est inégal : l'Allemagne, 3e au classement Fifa, est favorite du tournoi avec l'Espagne. La Grèce, 15e Fifa, n'a que son courage et le soutien de tout un peuple qui croit en une revanche symbolique. Après tout, depuis la divine surprise de l'Euro 2004, tout est possible. Et puis le 22 juin est le deuxième jour de l'été, alors tant qu'on est cigales, autant chanter maintenant !... À Gdańsk, les deux camps mettront un point d'honneur remarquable à évacuer tout contexte politique. Avec humour, le coach allemand Joachim Löw dédramatise la situation : « *Vous savez qu'entre Angela Merkel et nous, il y a une très bonne relation. On s'est fixé une règle, elle n'essaye pas d'influencer ma composition d'équipe et mes orientations tactiques et moi, je ne me mêle pas des déclarations politiques. Pour nous, c'est un quart de finale tout à fait comme les autres et nous ne voyons que l'aspect sportif.* » Côté Sud Europa, l'attaquant grec du Celtic Giorgos Samaras éteint aussi tout embrasement politico-sportif que la presse grecque se complaît à attiser : « *C'est mal de faire ça. Le football est un jeu et nous allons jouer pour prendre du plaisir parce que nous aimons ça. Nous ne jouons pas seulement pour nous-mêmes mais aussi pour les*

11 millions de Grecs à la maison. Nous avons réussi à leur apporter de la joie en battant la Russie (1-0) et espérons faire la même chose contre l'Allemagne. » Le coach Santos ferme le ban : « *Les Grecs me parlent toujours de l'Allemagne, de Merkel, mais nous devons laisser ces questions de côté. On ne doit pas y chercher notre motivation. Nous respectons le peuple allemand et l'équipe d'Allemagne. On ne va pas tout mélanger.* »

Le match somptueux du vendredi 22 juin à l'Arena de Gdańsk s'est déroulé selon un scénario parfait. Une superbe Mannschaft a vaincu grâce à quatre buts magnifiques, et sans que la Grèce en sorte humiliée. À l'ouverture du score par Lahm (39e) avait répondu l'égalisation de Samaras (55e). Un but qui avait relancé le suspens et qui avait surtout attesté de la vaillance tout athénienne de la légion hellénique. Et puis Khedira (61e), Klose (68e) et Reus (74e, 4-1) plieront l'affaire avant qu'un penalty de Salpingidis, à la 89e minute, ne ramène le score final à d'honnêtes proportions. À 4-2, la Grèce pouvait sortir la tête haute, d'autant que le capitaine héroïque Karagounis était absent pour suspension contre l'Allemagne. Or, tous les peuples du monde se consolent plus facilement des défaites sévères quand l'un des leurs a manqué… Il n'a échappé à personne que le talent juvénile de cette Mannschaft si séduisante et menée par le sexy Joachim Löw a éteint, ne serait-ce que momentanément, tout sentiment anti-allemand. Un avis hautement partagé par Dietrich Shulze-Marmeling : « *Je pense que le fait que cette équipe d'Allemagne qui renvoie une image sympathique a plus ou moins aidé les Grecs à mieux accepter la défaite. C'est complètement à l'opposé des équipes de 1982 et de 1986, avec ce football dégueulasse* (sic) *à Séville et cette faute de Schumacher sur Battiston. Aujourd'hui, ça n'a plus rien à voir. Notre équipe est multiculturelle, avec des éléments comme Özil et Khedira par exemple. Elle joue un football plus esthétique – même si c'est parfois un peu moins efficace, et c'est la critique principale en Allemagne – et a fini deux fois troisième lors des deux dernières Coupes du monde. C'est vrai qu'au Mondial 2002, on est finalistes, mais qui s'en rappelle ? Tout ce qui reste de l'esprit d'avant, c'est que cette Mannschaft reste une équipe supérieure. Elle est l'un des meilleurs ambassadeurs que peut avoir le pays. Elle symbolise beaucoup de choses, l'intégration des étrangers, qui apportent quelque chose de nouveau au jeu, en rupture avec le jeu habituel des Allemands. À l'étranger, cette équipe d'Allemagne est louée, tout comme peut l'être l'économie allemande. Si, contre la Grèce, l'équipe d'Allemagne avait joué comme son ancêtre de 1982, défensive et parfois brutale, peut-être que les Grecs auraient trouvé quelque chose à redire. Mais étant donné que l'Allemagne leur était supérieure dans le jeu (de même qu'elle l'est en termes économiques), il y avait une forme de respect. Vu la culture de jeu que développe cette équipe, on ne peut plus parler de "Panzer" et autres trucs du genre. On n'impute plus aux Allemands les clichés d'autrefois qui découlent de ce terme : en 1982, la Mannschaft était devenue l'armée des "mauvais Allemands". Aujourd'hui, cet argument n'est plus valable.* » Cet Allemagne-Grèce 2012 apparaît donc bien comme l'anti-RFA-France de 1982. Autant Séville 82 – et son odieux Schumacher – avait réveillé quelques vieux démons de notre côté du Rhin, autant la féerie de Gdańsk a désamorcé en partie le ressentiment germanophobe du peuple d'Hellas. Car la nouvelle Mannschaft, c'est l'Allemagne qu'on aime : dominatrice mais pas trop, celle qui ne gagne pas. À l'inverse de l'Ogre triomphant des années 70, 80, 90… Quelle belle semaine pour Angela Merkel ! Cinq jours avant la victoire de son Onze de rêve, les élections législatives grecques du dimanche 17 juin avait été favorables aux partis prônant l'austérité. La formation de droite Nouvelle Démocratie (29,66 % des voix) a remporté une majorité relative en obtenant 129 des 300 sièges du Parlement, et elle a pu former un gouvernement de coalition avec le PASOK et la gauche démocratique. Un résultat qui apaise les craintes d'une sortie de la Grèce de la zone euro.

Le 20 juin, Antónis Samarás (homonyme surprenant du buteur grec contre l'Allemagne !) est devenu Premier ministre. Annoncé lui aussi à l'Arena de Gdańsk deux jours plus tard, il s'absentera en raison d'un « décollement de la rétine »… La suite de la compète sera pourtant une revanche des pays du Club Med : l'Italie éliminera l'Allemagne en demies (2-1) et l'Espagne remportera le tournoi en dynamitant la *Squadra* en finale 4-0. Peu importe ! La jeune Mannschaft a encore séduit et l'avenir appartient au football allemand. Le « fair-play financier » prôné par l'UEFA de Platini, et qui deviendra effectif en 2013, s'apparente en tous points à la rigueur budgétaire imposée par l'Allemagne au reste de l'Union européenne. La bonne santé financière des clubs de Bundesliga, qui les placera à coup sûr en pole position dans les coupes d'Europe à venir, n'a d'égale que les excédents record d'une Allemagne plus que jamais dominatrice du Vieux Continent. La vraie Dame de fer de l'Europe, c'est Angela. Même son patronyme, « Merkel », porte en subliminal le nom de la monnaie forte germanique, le *deutsche Mark* : Merkel, Markel… L'Euro, c'est le Mark européen.

Mais la Grèce continue d'aller mal. Avec 7 % des voix aux Législatives de juin, le parti d'extrême droite Aube dorée a fait élire 21 députés. Le sentiment anti-allemand ne s'est pas estompé. Un autre contentieux du passé a rejailli avec insistance à l'automne : celui de la dette allemande envers la Grèce remontant à l'occupation nazie… En Grèce, on parle d'une dette de 300 milliards d'euros : « *Ce chiffre, chaque écolier grec le connaît. C'est ce que doit l'Allemagne à la Grèce en réparation des dommages et des atrocités commises pendant la Seconde Guerre mondiale* », écrit l'hebdomadaire allemand *Stern*. Le site français *Slate* rappelle que « *pour de nombreux Grecs, cette dette est vécue comme une blessure, une humiliation qui les empêche de tourner la page de la Seconde Guerre mondiale*». Si à titre personnel Dietrich Shulze-Marmeling ne conteste pas le bien-fondé de cette revendication (« *Je pense que c'est légitime que les Grecs réclament cet argent* »), l'opinion publique allemande est plus en phase avec le jugement lapidaire du très droitier Edmund Stoiber, ex président de la CSU : « *La question ne se pose même pas. L'Allemagne n'a pas à payer cette somme. C'est un sujet qui ne préoccupe personne en Allemagne. Indépendamment de la situation, l'Allemagne fait beaucoup pour aider la Grèce...* » En novembre dernier, le consul allemand de Salonique a été violemment pris à partie par des manifestants. À Athènes, on brûle toujours le drapeau allemand, des contestataires de l'austérité s'étant même déguisés avec des uniformes contrefaits de la Waffen SS. Dietrich Shulze-Marmeling, encore compréhensif, préfère convoquer alors une authentique solidarité européenne : « *Je peux comprendre ces croix gammées exhibées, ces drapeaux allemands brûlés, parce que je connais la situation. Le citoyen lambda, lui, ne voit pas tout ça. Il fait des raccourcis, il se dit:* "On donne de l'argent aux Grecs, et ils remercient comme ça..." *Alors qu'en vrai, on était bien contents quand ils achetaient nos voitures, même s'ils n'en avaient pas les moyens, l'essentiel était qu'ils achètent. Le problème, avec le caractère des Allemands, c'est qu'à chaque fois qu'il y a eu un sentiment de "nous sommes injustement traités, etc.", il n'en a jamais rien découlé de bon. C'est pourquoi, en ce qui concerne la crise grecque, je serrerais le frein à main et dirais à mes compatriotes : www*"Les gens, faites attention, regardez un peu en arrière, et voyez ce qui s'est passé !" *Oui, il y a des erreurs qui ont été faites en Grèce, mais c'est l'Europe maintenant, il faut tous s'aider. Tout le monde a sa part de responsabilité. Ou bien on va tous dans la même direction, ou bien on laisse tomber.* » On n'a pas laissé tomber les Grecs... Le 13 décembre dernier, l'Union européenne a encore débloqué 34,3 milliards d'euros d'aide à Athènes. Mais la Grèce n'est pas près de sortir du groupe de la mort.

Roumanie - Algérie/FLN
0-1

28 mai 1959
Stade national de Bucarest

Match amical

Un coup de tonnerre politico-sportif dans la France coloniale de la IVe République agonisante… Le dimanche 13 avril 1958, neuf joueurs algériens du championnat de France quittent clandestinement la métropole pour retrouver, à Tunis, le Gouvernement provisoire de la République algérienne (GPRA). L'Algérie, encore colonie française, n'existe pas. La guerre d'Algérie non plus, occultée par les autorités, en dépit des centaines de milliers d'appelés envoyés là-bas, depuis 1956. En France, la dénomination officielle de « guerre d'Algérie » attendra l'année 1999… Parmi les neuf rebelles, Mustapha Zitouni et Rachid Mekhloufi, présélectionnés en équipe de France en vue de la Coupe du monde en Suède, qui démarre le 11 juin. Le coup d'éclat n'en est que plus retentissant aux yeux de l'opinion publique française. La fuite organisée de joueurs connus et admirés pour la cause de l'indépendance algérienne lui fait mieux prendre conscience du conflit qui se déroule de l'autre côté de la Méditerranée. Entre avril 1958 et novembre 1960, ils seront 32 joueurs à avoir quitté la France et son championnat, partis rejoindre cette « équipe du FLN » (Front de libération nationale). Ils se feront ambassadeurs en crampons de la République algérienne en gestation, en participant à des tournées mondiales. Non reconnue par la Fifa, cette sélection jouera essentiellement des matchs dans les « pays frères », socialistes d'Europe de l'Est et d'Asie, ainsi que du Maghreb. Parfois camouflées en sélections « de villes » ou de « provinces », pour ne pas froisser la Fifa, les équipes d'Europe de l'Est alignent en fait souvent leur véritable équipe nationale (Bulgarie, Roumanie, Hongrie, Pologne, URSS et Tchécoslovaquie). C'est contre ces pays d'Europe de l'Est que l'équipe du FLN démontrera des qualités footballistiques de haut niveau, au point de battre la grande Yougoslavie 6-1, à Belgrade, en mars 1961. De 1958 à 1961, les diplomates du ballon rond disputeront 91 matchs, pour 65 victoires (parfois faciles, face à des clubs ou sélections moyennes), 13 nuls et 13 défaites.

Rachid Mekhloufi m'avait donné rendez-vous au CNIT de La Défense, à Puteaux, où il réside quand il n'est pas à Alger ou à Tunis, où il vit. Parler foot et politique relevait de l'évidence. Il devait se rendre trois jours plus tard à Lyon pour commémorer la date du massacre du 17 octobre 1961[3]... À la boutonnière, il porte un insigne d'ancien Moudjahid dont il est fier. « *C'est une décoration de l'ordre des maquisards. Chacun a fait la guerre à sa façon. Vert,*

3. **Massacre du 17 octobre 1961** : À la suite d'une manifestation non autorisée à Paris par la Fédération de France du FLN, pour protester contre le couvre-feu imposé aux Nord-Africains, la répression policière qui s'est abattue sur les manifestants a fait entre plusieurs dizaines et plus de cent morts.

rouge et blanc, c'est le drapeau algérien. Toute l'équipe a cet insigne. » Attablé à la terrasse bruyante du bar cafétéria, il raconte à voix douce son épopée de l'équipe du FLN. L'aîné alerte de 76 ans abandonnera le vouvoiement au bout d'une heure pour un tutoiement narratif. Quelques mots suffisent à le relancer dans son long récit. Rachid surprend quand le militant fait place au joueur et à l'entraîneurréputés qu'il a été[4] : l'équipe du FLN était politiquement ET footballistiquement ré-vo-lu-tio-nnaire ! Polyvalence, autogestion, motivation, solidarité… Du football total avant la lettre. Libre et émancipateur.

« *Personnellement, je trouve que le match le plus marquant, c'était contre la Roumanie*[5]*, à Bucarest. C'était la première fois qu'on jouait là-bas. La programmation était prévue pour un seul match à Bucarest. Et là, on a fait un match extraordinaire… D'un point de vue technique, je peux comparer ça au Barça. On avait gagné 1-0 et ça avait été un match magnifique, des deux côtés. Le public n'était que de 20 000 personnes, peut-être. Nous n'étions que d'illustres inconnus, qui débarquaient à Bucarest. C'était plus des gens du Parti qui étaient au stade. Et ce jour-là, il y a eu une ovation pour cette équipe du FLN. C'était tellement bien joué et un tel plaisir pour tous que les dirigeants roumains, le ministre et le président de la fédération nous ont demandé de faire un deuxième match sur le même stade. On leur a expliqué qu'on avait un match à aller jouer en Tchécoslovaquie. Les dirigeants roumains ont alors contacté les Tchèques pour qu'ils nous permettent*

4. Après une brillante carrière de joueur (ASSE, 1954-1958 puis 1962-1968, champion de France 1957, 1964, 1967 et 1968. Servette de Genève, 1962. Bastia, 1968-1970), **Rachid Mekhloufi** a été sélectionneur de l'Algérie (vainqueur des Jeux méditerranéens 1975, médaille d'or des Jeux africains 1978). Lors de la Coupe du Monde 1982, en Espagne, il était le co-entraîneur, avec Mahieddine Khalef, de l'Algérie qui avait battu la RFA (2-1).

5. Équipe de Roumanie : la dénomination exacte de ce match était *Équipe du FLN contre Rapid Bucarest.* Cette « équipe de Roumanie » alignait certainement la très bonne équipe du Rapid Bucarest renforcée d'internationaux roumains…

de jouer une deuxième partie en Roumanie. Ce match nous avait marqués. Politiquement, nous avons gagné, parce qu'un pays comme la Roumanie qui demande à la Tchécoslovaquie de pouvoir nous retenir, c'était quelque chose... Et c'était bien la vraie équipe de Roumanie, pas une sélection régionale ou autre ! Pour ne pas froisser la Fifa, dans le cadre politique habituel des pays de l'Est, les dirigeants roumains avaient placé ce match sous "l'égide des syndicats"... C'était souvent les vraies équipes nationales que nous affrontions. En Bulgarie, c'était du costaud, le résultat était horrible : on a pris 3-0. Grosse équipe !

On a donc rejoué contre la Roumanie avec un aussi bon jeu, mais ce n'était pas du niveau du premier. On l'avait aussi gagné 1-0, quelque chose comme ça. Mais vous savez, ce n'était pas le score, c'était le jeu. Et je suis persuadé que Stefan Kovacs[6]*, le fameux entraîneur, devait être au stade parce qu'il a tout espionné !* (sic) *Il ne devait pas être loin. C'est sûr. Par rapport au jeu qu'il a fait pratiquer au foot roumain, à l'Ajax, ou avec la France, on retrouvait tout ce que nous faisions naturellement : on le décelait tout de suite quand on voyait l'équipe de France ou l'Ajax. Vous savez, on avait tendance à faire des relais, des transversales, etc. : le football roumain est devenu plus tard exactement la photocopie de celui pratiqué par l'équipe du FLN. Kovacs était très intelligent, il a vu qu'il y avait à prendre des choses de notre équipe et il l'a fait discrètement, sans nous casser les pieds* (rire). *D'abord on avait une occupation rationnelle du terrain. Au flanc droit, il y avait Brahimi : sans regarder, je donnais le ballon à droite, il était là. À gauche, c'était Bouchouk. Au centre, j'étais à côté de Kermali. Chaque coin du terrain était occupé par un gars qui savait bien transmettre le ballon, en se démarquant. Le tout, toujours en mouvement. Il faut dire qu'on venait de Monaco, Saint-Étienne, Lyon, Bordeaux : le meilleur des clubs français. On avait l'acquis technique de l'Algérien au départ. Et en venant en France, on nous avait transmis les méthodes pour nous améliorer. On aurait dû se faire filmer pour enregistrer tout ça*

---

6. **Stefan Kovacs** (1920-1995), célèbre entraîneur roumain de l'Ajax Amsterdam vainqueur des Ligues des champions 1972 et 1973. Il sera ensuite sélectionneur de l'équipe de France (1973-1975), puis de la Roumanie (1976-1981). En 1959, Kovacs était le coach-assistant de l'équipe de Roumanie...

(déçu), *surtout ces matchs du tonnerre contre les Roumains ou les Yougoslaves… Le FLN aurait dû nous faire filmer, trouver un cinéaste. Je pense que les Yougoslaves doivent avoir gardé des images… Nous, les anciens de l'équipe, on bataille avec nos Affaires étrangères,* "faites quelque chose pour retrouver des archives !".

Politiquement, l'autre match marquant, c'était bien sûr aussi le premier match de "l'Algérie" en Tunisie, lors d'un tournoi maghrébin. Au stade Zouiten de Tunis, un terrain en terre battue. Il y avait des maquisards avec leurs armes dans les tribunes. Pour la première fois, l'hymne algérien, le drapeau, les maquisards, ça fait quelque chose… C'était le Maghreb uni, en mai 1958. Quatre équipes d'Afrique du Nord… Il y a eu aussi des matchs très difficiles, très sensibles. Par exemple en Pologne, où on n'a fait qu'un seul mach. Les dirigeants polonais ne voulaient ni hisser le drapeau algérien ni faire jouer Kassaman, *notre hymne national, auquel on tenait avant chaque match. Hors de question ! On ne venait pas pour s'amuser ! On a prévenu nos dirigeants :* "Dites-leur qu'on ne joue pas !" *Et les Polonais ont cédé. Ces matchs, il fallait qu'on les gagne. C'était avant tout un symbole, ces rencontres. Une représentation du FLN, de la guerre d'Algérie. Alors, la victoire avant tout… Il n'y a pas très longtemps, les footballeurs palestiniens ont voulu faire comme nous. Mais leurs mauvais résultats ne leur ont pas permis de continuer. Ils prenaient des 4-0, 5-0. Donc il fallait avoir une grande équipe pour pouvoir bien représenter et être reçus dignement. On pratiquait un football nouveau, un football technique de mouvement, à une touche de balle, de changements de poste en cours de match : tout ce que vous voyez chez le Barça, vous l'auriez vu chez nous. C'est bizarre, hein, de m'entendre parler comme ça… Bien sûr, il y a eu le fameux match de Belgrade, quand on avait battu la Yougoslavie 6-1. Avec tous les autres joueurs, nous en avons souvent reparlé… C'était la grosse équipe de Yougoslavie, la vraie ! À la fin, ils ont réagi très normalement : ils ont constaté qu'on était supérieurs à eux. Il faut dire qu'à leur désavantage, dès le début, on a marqué trois buts en dix minutes ! En match d'ouverture, c'était un club brésilien contre l'Étoile Rouge de Belgrade : ce match, c’était le top. Ensuite, c’était notre match. Et là… On marque trois buts, comme ça, d’entrée. On avait les capacités de battre des équipes très fortes. Non seulement, on avait la technique des bons footballeurs mais en plus, on avait la motivation et ça, c’est essentiel. La motivation naturelle, pas forcément une motivation rentre-dedans. Le jour du fameux match contre la Yougoslavie, le commissaire politique du FLN ne nous a dit qu’une seule phrase dans les vestiaires, en arabe :* “L’ambassadeur de France est dans les tribunes.” *La motivation n’en était que plus grande…*

Notre engagement était politique. Révolutionnaire. Et notre football aussi ! Totalement. Parce que même dans l’équipe, il n’y avait pas de postes fixes ! Ce n’était pas “toi tu joues là et toi tu joues ici”. On nous donnait des maillots et, allez ! Bon vent ! Bon, moi je ne jouais pas défenseur non plus, hein ! Et puis quand c’était âpre, nous, les joueurs techniciens, on se cachait, et on laissait le travail aux costauds et aux cisailleurs (rire). Mais pour en revenir à ma comparaison avec le Barça, c’est que le terrain était bien occupé, point numéro un ! Et quand on occupe bien le terrain, on récupère facilement le ballon, point numéro deux. Troisième point : quand on a le ballon, on ne peut pas le garder, il faut le faire circuler, exactement ce que fait le Barça. Occupation, récupération et circulation. C’est tout simple, le football. Aujourd’hui, je suis étonné parfois d’entendre des commentateurs ou des entraîneurs, “les duels ! Les duels ! Il faut gagner les duels !” *Pffff… Sim-pli-fiez le football ! Le football est un jeu simple, un jeu d’intelligence, où on évite la castagne. Nous n’avions pas à vrai dire de “sélectionneur”, nous étions en autogestion totale. Le football aux footballeurs ! Tenez, parler de démocratie d’équipe, ça me fait penser à l’équipe de Sócrates, les Corinthians ! Même quand ils étaient en bus, pour s’arrêter pisser, eh bien ils votaient !* (Rire)

On parlait très peu tactique, entre nous. On rectifiait toujours après un match une chose ou deux qui n’avaient pas marché. Entre nous, jamais d’engueulades. Je le dis toujours : l’entraîneur qui maîtrise son banc de touche, il peut aller très loin. Parce que les problèmes viennent toujours du banc de touche. Nous, au début, on était une quinzaine, une vingtaine: chacun savait ses qualités et le banc de touche était calme. Certains disaient même: "Oh, moi je suis limité. Je n'ai pas ma place dans cette équipe." *C'était quand même une période exceptionnelle: il fallait d'abord penser à l'Algérie, à la Révolution, au FLN. Il n'y a jamais eu de zizanie quand l'entraîneur donnait une formation d'équipe. Et entre nous, pas de tableau noir, non plus! Tenez, une fois, l'un de nos entraîneurs, Saïd Haddad, qui jouait à Toulon… Je dis "nos" entraîneurs parce que là aussi, c'était chacun son tour: il y avait Arribi, Haddad, Ibrir, etc. Même Ben Tifour a entraîné! Alors, donc, un journaliste demande à Haddad:* "Quelle tactique as-tu mise en place?" *Haddad lui a répondu* "Écoutez-moi: c'est tous devant, tous derrière!" (rire). *Ça vous donne une idée de l'utilité du tableau noir… Il faut dire qu'on avait quand même une équipe type. Au départ, on était un noyau de six joueurs, avec Kermali, Rouaï, Ben Tifour, Bouchouk, Brahimi. C'était quand même le haut standing! Les autres se sont agrégés à ce noyau avec respect, loyauté. Ils auraient pu avoir des réactions de contestation. Mais en voyant ces joueurs si brillants, ils ne l'ont pas fait. Parce qu'il y avait une amitié, ce n'était pas uniquement le football. Il y avait parmi nous des joueurs qui évoluaient en France mais que je ne connaissais que de vue, n'étant pas en contact avec eux. Comme Ben Tifour, Zitouni, ou d'autres, que j'ai appris à connaître. Le départ de cette aventure, ce furent les dix premiers arrivés: le FLN avait fait un bon choix. Mais je crois que ce bon choix était l'œuvre de Ben Tifour. C'est lui qui a eu l'idée de créer cette équipe. Lui faisait partie du FLN, c'était un cadre clandestin. En 1957, quand Boumezrag, notre "directeur technique", est allé le voir, il lui a dit:* "Ben, nous avons une équipe d'étudiants qui se rend à Moscou en championnat du monde universitaire. Est-ce que tu veux l'entraîner?" *Ben Tifour a refusé:* "Moi, je suis professionnel. Je vais aller avec cette équipe à Moscou, et après? Pourquoi vous ne faites pas une sélection des meilleurs joueurs qui jouent en France?" *C'est comme ça que tout a démarré. C'est Ben Tifour qui en a eu l'initiative. Le FLN a attendu une année, presque, 1957-1958, pour concrétiser ce projet. Une année pendant laquelle, au FLN, ils ont pu réfléchir, et ils ont trouvé qu'une idée comme ça pouvait réveiller les consciences des Français. Parce qu'en 1958, la guerre d'Algérie n'existait pas, pour le peuple français! La guerre d'Algérie concernait surtout des Français de métropole qui avaient des fils envoyés en Algérie. Il y avait une censure terrible à l'époque: des journalistes TV virés ou suspendus, les journaux interdits, saisis… On parlait pudiquement des "événements d'Algérie". Pour éviter de dire "la guerre", on parlait de "mission de pacification"… Même mon coéquipier chez les Verts, Eugène N'Jo Léa, Camerounais et avocat, ignorait cette guerre en Algérie. C'est incroyable comment le gouvernement de l'époque avait réussi à occulter cette guerre. Le FLN a alors sauté sur l'occasion: la meilleure chose pour faire connaître cette guerre qui est enterrée dans les médias, c'est le football. Le football, c'est de faire partir tous ces internationaux, et ils ont créé cette équipe. Ça a été d'un impact terrible: à deux mois de la Coupe du monde! Ça a même tellement bien marché que le FLN était dépassé: ils ne pensaient pas que ça allait faire autant sensation. Après la guerre, on a tous rencontré des maquisards qui avaient combattu dans le djebel et qui nous ont complimentés:* "Vous ne pouvez pas vous imaginer, on était un peu étouffés et avec votre départ connu partout, vous nous avez donné un coup de fouet extraordinaire!" (Ému) *À eux le combat, et nous, c'était le football: il fallait qu'on joue bien et qu'on gagne. Cette aventure nous a permis de réaliser des choses humainement enrichissantes. On a pu rencontrer des gens et des peuples qu'on n'aurait jamais connus. Ce qu'on a perdu en argent, on l'a gagné en rencontres… Monsieur Ho Chi Minh au Vietnam! Et le Général Giap, le vainqueur de Dien Bien Phu, qui nous avait dit*: "Nous avons battu les Français, et vous nous avez battu en football… Donc vous allez battre la France…" *On m'a souvent demandé si avec Ben Tifour et moi, la France aurait pu battre le Brésil en Coupe du Monde 58*… (Long silence)… *Je crois que noooon. Tout ça, c'est des spéculations.* (Rires) *On aurait peut-être apporté un plus. C'était quand même une très belle équipe de France: Kopa, Fontaine, Piantoni… C'était le top des tops. Il y avait des matchs où on aurait peut-être pu intégrer Zitouni, il avait sa place : il était titulaire, il avait joué contre l'Espagne au Parc des Princes, c'était magnifique. Jonquet était un peu en fin de parcours. Peut-être que si j'avais intégré cette équipe de France, j'aurais pu apporter un peu de vitesse, de vivacité... Mais c'était vraiment une belle équipe. Troisième, c'est déjà pas mal. J'ai suivi leur parcours en Suède, mais de loin... Moi, dès le 14 avril 1958, j'ai fermé les portes* (sic) *pour me consacrer totalement à l'équipe du FLN. La preuve, je suis parti sans même avertir Jean Snella, mon entraîneur à Saint-Étienne. C'était comme mon deuxième père... J'ai entendu que Just Fontaine était au courant de notre fuite. C'est Maouche qui le lui avait dit. Vous imaginez si Fontaine avait tout raconté aux flics ? C'est pas une imprudence, ni de la trahison, alors disons... de l'inconscience ! On se serait tous fait attraper. Moi, surtout : j'étais déserteur ! Je faisais mon service militaire au Bataillon de Joinville. Si j'étais pris...*

Que dire sur de Gaulle ? De Gaulle, c'était un vrai militaire. C'est un homme qui a aimé son pays parce que ce n'était pas évident de faire la politique qu'il a menée. Il fallait s'appeler de Gaulle pour imposer ces choses-là, la décolonisation... Bon, on lui aussi forcé la main, hé-hé-hé ! C'est un grand monsieur qui est entré dans l'Histoire, c'est une évidence. Comme lui, quand on est désintéressé du pouvoir, on ne peut que bien agir. Sa force était qu'il ne voulait pas s'accrocher, s'incruster, s'imposer... "Mais à partir du moment où vous m'avez choisi, je décide : maintenant c'est comme ça !" *C'est pareil pour un entraîneur qui veut faire du bon boulot. On a la légitimité, alors on décide : c'est comme ça ! Aurais-je pu prendre les armes si j'étais resté à Sétif plutôt que d'être parti jouer à Saint-Étienne en 1954 ? En Algérie, de toute façon, tous les gens qui se sont engagés avec la Révolution algérienne, ils ont souvent eu un accrochage soit avec les pieds-noirs, soit avec la police. Le bonhomme qui n'avait pas d'incident avec la population européenne ou avec la police, il vivait sa vie, passait à travers tout ça. Moi, c'était quitte ou double. J'aurais pu rester à Sétif, je jouais avec l'équipe musulmane de Sétif et peut-être qu'au cours d'un match ou d'autres circonstances, j'aurais pu être embarqué par la police et alors à ce moment, je ne sais pas comment j'aurais réagi. On ne peut pas dire... Tout tenait à l'incident... On pouvait basculer à n'importe quel moment. Ma conscience politique effective est venue tard, avec l'équipe du FLN. Bien sûr, j'ai vécu les événements de Sétif*[7]*, qui m'avaient énormément marqué. J'avais 9 ans et ça m'est resté en mémoire jusqu'aujourd'hui : je revois les mitrailleuses pointées sur les champs où on jouait... Avec l'équipe du FLN, on discutait politique, on s'interrogeait. Et comme on était footballeurs, on savait toujours que la guerre allait se terminer. Mais on a dû attendre quatre ans... Je m'étais toujours mis à la place de Ben Tifour ou de Zitouni, qui étaient plus âgés que moi. Ça a dû être dur pour eux. Moi, j'avais 22 ans en 1958, j'avais espoir de repartir rejouer en France après la guerre. Pas eux... Le sacrifice était plus grand de leur part, vu qu'en 1962 ils étaient trop âgés pour revenir jouer en France. Cela dit, le mot "sacrifice" n'est pas le terme exact : le vrai sacrifice, ce sont les gens qui sont morts. Notre sacrifice était beaucoup plus "matériel" qu'autre chose. Moi, ce n'était pas un sacrifice, mais un gain. J'ai plus gagné avec le FLN et avec la révolution algérienne, mentalement, intellectuellement, humainement. J'ai toujours cru à l'Indépendance de l'Algérie. Avant 1954 et le déclenchement de la Révolution. On savait qu'on allait être indépendants. C'est bizarre, ça, hein ? Moi, j'avais déjà cette vision en 1945 avec les événements de Sétif. Je l'ai souvent dit : même en Algérie, l'Algérien n'était jamais considéré comme un Français... Dès 1832 et la colonisation française, l'Algérie a toujours connu des révoltes à chaque décennie. L'avant-54, c'était 1945 à Sétif, comme le point de départ. En 1954, ce fut un mouvement organisé, plus structuré. Je n'ai pas été surpris par l'insurrection du 1er novembre 1954. Moi, en 1958, quand le FLN est venu nous chercher, j'étais totalement prêt dans ma tête. Ma seule crainte, c'est que j'étais militaire. En fuyant, j'étais déserteur, je risquais la cour martiale. J'en ai parlé à Arribi*

---

7. **Les massacres de Sétif** : le 8 mai 1945, à Sétif, des émeutes de nationalistes algériens provoquées par le meurtre d'un jeune musulman entraînent la mort de plus d'une centaine d'Européens. Jusqu'au 22 mai, la répression de l'armée française qui s'ensuit fera entre plusieurs milliers et plusieurs dizaines de milliers de victimes dans la population musulmane.

de cette crainte et il m'a dit: "Et après? Qu'est-ce que ça peut faire?" *Terrible, cette réflexion:* "Et après?"... *Voilà. On partait et plus question de revenir. Je suis revenu chez les Verts en 1963, après une saison au Servette de Genève. Avant mon premier match de retour à Geoffroy-Guichard, je gambergeais énormément: comment les supporters verts allaient m'accueillir?... On entre sur le terrain. Silence de mort... L'ASSE était alors en D2 et jouait devant 8 000 personnes. Ce jour-là, il y en avait 20-25 000... Je me disais "c'est cuit, ils vont me tailler". On joue l'engagement, on me passe le ballon et là, je fais un numéro! Je dribble, je cours, je m'enfonce dans le camp adverse, je dribble encore, je vais à droite et passe le ballon à gauche, l'autre s'engouffre et tire... Une ovation... C'était extraordinaire de la part du public stéphanois. Tout le public était venu voir Rachid, "le fellagha"... Techniquement, c'était très bon. Tout de suite l'adoption! Je suis devenu le chef de jeu de Saint-Étienne! J'avais acquis une telle technique avec l'équipe des fellaghas* (rire), *j'avais tellement appris avec ces briscards et je les en remercie : j'étais devenu meneur de jeu et buteur. Hamdoulah!*»

Real Madrid – FC Barcelone : 0-5

17 février 1974
Stade Santiago Bernabéu de Madrid (Espagne)

Championnat d'Espagne

Le 20 décembre 1973, Luis Carrero Blanco meurt, à Madrid, dans un attentat perpétré par un commando basque de l'ETA. La voiture blindée du vieux chef du gouvernement, nommé six mois plus tôt par le général Franco, a été projetée en l'air pour atterrir plus loin, dans la cour d'un couvent. Dans les manifs contestataires des années 70, on scandera le slogan «*Et hop, Franco, plus haut que Carrero!*», l'humour populaire en Espagne faisant également du pauvre Carrero Blanco «le premier astronaute espagnol»... Le 2 mars 1974, l'anarchiste catalan Salvador Puig Antich est exécuté, à l'âge de 26 ans, pour le meurtre d'un membre de la sinistre Guardia Civil à *la Model*, prison centrale de Barcelone. Malgré les protestations internationales, Puig a été supplicié selon le rituel de mise à mort du régime, le garrot. C'est entre l'attentat mortel contre

Carrero Blanco et l'exécution de Puig que s'est déroulé, le 17 février 1974, ce Real-Barça forcément historique… Autonomisme basque (ETA) et anarchisme catalan (Puig) contre la dictature instaurée par le généralissime depuis la fin de la guerre d'Espagne (1936-1939) : voilà un raccourci qui illustrait bien le caractère oppresseur du régime d'alors. Sans oublier que l'espagnol était la seule langue officielle, les autres parlers régionaux étant strictement interdits, y compris publiquement ! Au Real Madrid des années 50, un code non écrit qui régissait les contrats des joueurs recoupait déjà fidèlement cet antagonisme entre la capitale et ses deux Régions « sensibles » : « *Le système de primes de match au Real variait selon l'adversaire. Contre les équipes classiques, je touchais 160 francs* (24 euros actuels). *Contre le Barça et Bilbao, c'était 1 600 francs* (240 euros) », racontait notre bon Kopa national, passé chez les Meringues de 1956 à 1959…

Franco, dictature, Madrid, pouvoir central = Real Madrid. Cette ancienne équation qui a toujours cours aujourd'hui colle à la réputation du « plus grand club du monde ». Le FC Barcelone revendique, lui, une attitude rebelle tellement éprouvée sous le franquisme qu'il en a forgé son identité régionaliste forte mêlant culture, politique et sport : *mes que un club* ! Le Barça est en effet bien plus qu'un club, selon la formule de l'ancien président *blaugrana* Narcis de Carreras proclamée fièrement en 1968, période du franquisme encore vigoureux. Ce tropisme identitaire poussé à l'extrême a fait dire à un autre président du FC Barcelone, Joan Laporta (2003-2010), un catalaniste militant, durant son mandat : « *La Catalogne est une nation à part entière. Un jour viendra où l'oppression espagnole touchera à sa fin. J'espère voir de mon vivant un match de Coupe du monde entre la Catalogne et l'Espagne…* » Le catalanisme du FC Barça existait déjà avant Franco. Le 24 juin 1924, le stade des

Corts (stade du Barça) avait été suspendu six mois pour « activités anti-espagnoles » : les *culés* avaient sifflé la *marcha real*, hymne national, avant un match de gala. Accusé de militer pour l'indépendance de la Catalogne, son président suisse « Joan » Gamper (Hans Gamper avait catalinisé son nom) fut contraint de s'exiler. Voilà pour la *Catalunya*, ses quatre Républiques catalanes mort-nées (1641, 1873, 1931, 1934) et sa Fête nationale commémorant une défaite : la prise de Barcelone par les troupes franco-espagnoles, le 11 septembre 1714, lors de la guerre de Succession d'Espagne…

Si on cerne parfaitement l'identité du Barça, qu'en est-il de celle du Real Madrid ? Prenons l'avis d'Angel Bahamonde, professeur à l'Université de Madrid, chaire d'histoire contemporaine. L'historien du Real, qui a pondu un livre qui fait autorité, *El Real Madrid en la Historia de España* (Taurus Historia, 2002), maîtrise l'art du contre : « *Le Real n'est pas le club du franquisme : ce sont surtout les Catalans qui répètent toujours cette même chose ! Ce n'est pas vrai. D'ailleurs, dans la période la plus noire du franquisme des années 30 et 40, le Real ne gagnait rien du tout. Le Real a gagné son premier titre de champion en 1954 !* » Mais quid de Santiago Bernabéu, longtemps président emblématique du Real et ancien officier de l'armée franquiste entré à Barcelone pendant la campagne finale de Catalogne ? « *Mais Bernabéu était monarchiste, pas franquiste ! Politiquement monarchiste et socialement très conservateur. Les Catalans ont toujours raconté que la Catalogne était antifranquiste. Ce n'est pas vrai. Le catalanisme est très conservateur. La région a même constitué une base du franquisme pendant la guerre civile !* (Le marquis Juan António Samaranch, président du CIO de 1980 à 2001, était catalan, franquiste et phalangiste, ndla). » Et le général Franco, n'avait-il pas instrumentalisé les succès européens du Real ? « *Déjà, Franco n'aimait pas trop le foot.*

Il s'est rendu cinq-six fois maxi au Bernabéu. Franco n'aimait pas la foule: il en avait peur. Hitler et Mussolini adoraient la foule! Or, le franquisme n'était pas une dictature de masse. Franco ne s'adressait aux Espagnols qu'à la fin de l'année, à Noël. C'était avant tout un militaire, menant une vie de caserne: pour Franco, l'Espagne était une caserne… » L'écrivain catalan Manuel Vazquez Montalban avance pourtant que le *Generalissimo* était friand de ballon rond, qu'il préférait certes regarder à la télé plutôt qu'au stade… À 60 ans, Angel Bahamonde, socio N° 3236 du Real depuis cinquante ans, et présent tous les quinze jours au Bernabéu avec son fils (socio lui aussi), ne décolère pas. Une colère un peu surjouée, pleine de verve et de mauvaise foi souvent rieuse. Un *comediante* aux éclats à la Dali tempêtant à nouveau: «*En France, on appréhende l'histoire du football espagnol à partir de l'histoire écrite par le Barça: chez vous, c'est ce discours hégémonique qui prévaut! Au Real, nous voyons les choses autrement. Le Barça a exagéré à 100 %* (sic)… *Il a raconté son oppression et instrumentalisé sa défaite à la Guerre civile: il s'est inventé un ennemi intérieur* (sic) *qui puisse expliquer ses malheurs. Ce n'est pas la vérité… Ni le Barça, ni le Real n'ont raison… La vérité à trouver appartient à ces deux "moitiés".* » Angel Bahamonde, socio et madrilène, est-il un amnésique refusant de céder à la repentance imposée aux *madridistes* et qui ne dit qu'une seule version de l'histoire, celle qui est vécue du côté des vainqueurs? Parce que du côté des «perdants» catalans, un très rapide survol de l'histoire du Barça, loin d'être exhaustif, oppose une autre vision des choses… 6 août 1936: un mois après le début de la guerre civile, le président du Barça, Josep Sunyol, qui est également membre d'un parti républicain catalan, est arrêté par l'armée franquiste près de Madrid et fusillé… 16 juin 1943: nets vainqueurs du Real à l'aller 3-0 en demie de Coupe, les *Blaugranas* prennent un 11-1 au retour à Madrid dans une «ambiance pesante»: avant le match, ils auraient reçu des menaces de mort…

29 novembre 1949 : à l'occasion du cinquantenaire du club, le gouvernement franquiste autorise le retour du drapeau catalan sur l'écusson qui avait été remplacé par le drapeau espagnol en 1940... Et puis Santiago Bernabéu, encore, en 1968 : « *J'aime beaucoup la Catalogne, mais je n'aime pas les Catalans* » (sic). Il ne s'en est jamais excusé... Et puis *mes que un Clasico* en mars 2004, quand José (Luis Zapatero, pro-Barça) succède au pouvoir à José (Maria Aznar, pro-Real)... Et puis, et puis...

Retour à l'Espagne de février 1974 ! Elle sort lentement de son étouffante autarcie... Atteint de Parkinson depuis 1969, le Caudillo n'en finit plus de s'éteindre. Ce qui lui avait valu deux ans plus tôt un couplet vachard de Brassens (« *Que sur un air de fandango/ On congédie le vieux Franco* » – *Le Roi*, 1972), hommage indirect à Lluis Llach, chanteur et chantre de la Catalogne exilé politique à Paris, ou plutôt à son pote Paco Ibanez, interdit de chant, en 1971, pour sa version en espagnol de *La Mauvaise Réputation* ? Après les absences de 1966 et 1970, la sélection espagnole a encore raté la qualif pour la Coupe du Monde 74. Le 13 février, quatre jours pile avant le choc Real-Barça, une *Roja* tristoune se fait éliminer par la Yougoslavie en match d'appui à Francfort (0-1). « *À cette époque, le football espagnol était très refermé sur lui-même,* précise Angel Bahamonde. *Il n'avait pas de contacts avec le reste de l'Europe. Très peu de joueurs partaient jouer en Europe et, inversement, la loi restreignait le plus possible la venue de joueurs étrangers en Espagne : on n'avait donc pas une bonne sélection espagnole. De tout temps, je n'ai jamais vraiment cru aux rivalités entre Basques, Catalans, Sévillans et Madrilènes au sein de la séléction. Non. Nous avions un football sous-développé du point de vue technique et tactique. À partir des années 70, des coachs étrangers sont arrivés en Liga et les choses ont bougé. Les frontières autrefois closes se sont ouvertes aussi aux joueurs étrangers, qui ont vite montré aux joueurs espagnols un autre football.* » Johan Cruyff sera de ceux-là… Le magnifique documentaire *En un momento dado* (du réalisateur néerlandais Ramon Gieling, 2004) dédié à la star de l'Ajax donne un aperçu remarquable de la « révolution culturelle » que le célèbre N° 14 a insufflée à la Catalogne gris foncé. Tous les témoins barcelonais se remémorent avec émotion l'arrivée du génial ajacide au Barça, à l'été 1973 (pour le transfert record de 2 millions de dollars), et du soir où le « Sauveur de la Catalogne » (*El salvador de la Cataluña*) a rallumé la lumière, au Bernabéu, le 17 février 1974. Une mystique telle qu'on peut dater à partir de ce jour une sorte de nouvelle ère : *av. J.-C.* et *apr. J.-C.* … On prétend que Johan 1er a choisi Barcelone en s'opposant aux dirigeants de l'Ajax, qui avaient quasi bouclé son transfert avec le Real Madrid, pour motifs politiques, le Real étant à ses yeux un club franquiste. C'est sans doute vrai. À voir… Cruyff n'ayant jamais été vraiment très « politique ». Il débarque au moins au Barça parce que son ex coach de l'Ajax, Rinus Michels, y est déjà depuis 1971. Il a les cheveux longs, sa femme Danny est en minijupe. Leur couple rock'n'roll détonne à Barcelone l'austère. « *Enjoy life !* », c'est ce feeling que Johan le libertaire d'Europe du Nord inspire à la jeunesse locale tout amourachée… À l'orée de la saison 1973-1974, le Barça n'est que lose totale avec zéro titre de champion depuis quatorze ans. Pour des raisons administratives obscures, le Hollandais volant doit attendre la septième journée pour débuter avec des *Blaugranas* englués à la 13e place. Dès son premier match contre Grenade (4-0, un doublé de JC), le Barça va décoller à la verticale, ne perdant plus un match tout au long de cette saison en Liga. Jusqu'au fameux soir de février où les Catalans arrivent au Bernabéu en leaders. Le Real Madrid, qui marne en milieu de tableau, va mal (7e). Les dirigeants ont viré le mois d'avant le mythique entraîneur Miguel

Munoz, en place depuis quatorze ans, pour installer Luis Molowny. La presse madrilène, toujours clémente avec le Real, s'en prend désormais au «*vieux président Bernabéu*», qu'elle juge incapable de donner un nouveau souffle à ses *Merengues*. On parle d'un club en déclin et de son président (78 ans), qui accuse une fin de règne crépusculaire, comme le général Franco (82 ans). Les joueurs aussi ont pris de l'âge. On attend un changement de cycle qui ne vient toujours pas. Ce clash Real-Barça ne s'appelle pas encore *Clasico*. «*Ce n'est qu'à partir de ce match de 1974 qu'on appellera ainsi ces duels, en copiant sur le Superclásico de Buenos Aires, River-Boca. Le Clasico, en Espagne, c'était plutôt Real Madrid-Atlético Madrid*», souligne Angel Bahamonde. C'est aussi l'une des premières fois que le match est diffusé en prime time sur la télévision publique espagnole (TVE). Le pays retient son souffle. Problème... Danny Cruyff doit accoucher de son troisième enfant autour du 15 février ! Or, Johan veut assister à la naissance du bébé, prévue par césarienne. Rinus Michels suggère alors à son joueur de «devancer» l'heureux événement: l'enfant «paraît» le 9 février. Les parents l'appellent Jordi, choix ô combien symbolique qui vaudra à Cruyff l'estime catalane éternelle. Sauf que l'officier d'état civil refuse d'enregistrer «Jordi» parce que la loi interdit les prénoms catalans ! Inflexible, le père imposera ce prénom en tant que citoyen néerlandais vivant en Espagne. Johan peut désormais se consacrer entièrement à «son» match... Avant la rencontre, les supporters du Real chambrent ceux du Barça, en les traitant de «grenouilles», à cause des onomatopées batraciennes de leur champion, «*Crrrruyff... Crrrruyff... Crrrrruyfff*». Mais au soir du 17 février, l'Espagne tombe sous le charme du Barça et de la grâce féline de son meneur néerlandais. Même si c'est Rinus Michels qui a écrit la partition. La grande fluidité tactique déployée par les *Blaugranas* éparpille vite sur la pelouse de Bernabéu devenue no man's land lunaire des Madrilènes blancs fantôme courant après des ombres... Cheveux au vent, Johan est partout, insaisissable devant, tacleur frénétique derrière : un but perso et trois passes décisives, dont une pour le lob insensé de Juan Carlos ! En tout, un doublé de Asensi et trois buts de Cruyff, Juan Carlos et Sotil : le Barça estoque le Real 5-0. Le jeu offensif magnifique des *Blaugranas* renaissants s'est parfaitement accordé à la devise de la Catalogne, *Sempre endavant mai morirem* (« Toujours en avant, jamais nous ne mourrons »).

« *Même si pour nous, supporters du Real, ce match ne signifie rien du tout* (rires), *on a évidemment assisté à un changement d'époque* », reconnaît, beau joueur, Angel Bahamonde. *Ce fut un bouleversement dans le football espagnol et dans l'Espagne tout court ! Le Barça 74 était magnifique ! Cruyff a changé l'histoire de Barcelone, comme ce match l'a bien symbolisé. Le Barça, c'est de ce jour jusqu'aujourd'hui une façon de travailler venue de l'Ajax Amsterdam : cette méthode a changé le football du Barça puis, plus tard, le foot espagnol. Le Barça d'aujourd'hui, celui des Guardiola ou Vilanova, c'est le fils de Johan Cruyff !* (sic) » Le commentateur du match, Enrique Marinas, ne disait pas autre chose, le soir du match, en congédiant le Real sur un air de fandango : « *La défaite du Real Madrid obéit à une loi inexorable qu'une expression espagnole résume très bien :* "Une langouste qui s'endort est inexorablement emportée par le courant". *Le Real s'est endormi sur ses lauriers. Il s'est ankylosé et a jugé qu'avec deux transferts clinquants, Günter Netzer et Oscar Mas, ce serait suffisant pour sortir du marasme. Grave erreur.* » Le Barça cingle vers un titre qui ne lui échappera pas, reléguant au final le Real loin, très loin. Au pays, c'est la liesse populaire, si longtemps contenue, si longtemps refoulée. En Catalogne, dernier réduit républicain en 1939, on ne parle publiquement catalan qu'au Camp

Nou, sanctuaire de contestation... Alors, pour la première fois depuis longtemps, les *ramblas* et la *plaça de Catalunya* pavoisent. On fête bruyamment la victoire des siens en ressortant les *senyeres* (drapeaux sang et or catalans) habituellement interdits. « *Mon souvenir le plus fort, c'était surtout l'énorme fête qui s'est déroulée dans toute la Catalogne ce soir-là* », se souvient l'attaquant Carles Rexach. *On ne s'en est rendu compte qu'à notre retour à Barcelone... Les supporters madrilènes étaient furieux mais en seconde mi-temps, l'hostilité s'est dissipée. À la fin du match, certains ont envahi la pelouse, la police est intervenue. Nous, on voulait surtout éviter tout incident! Le match lui-même fut à sens unique... La rencontre a été plus disputée que le score ne le laisse supposer* (juste 2-0 à la pause, ndla). *C'est surtout en seconde mi-temps qu'on leur a marché dessus. Marcial a étouffé Netzer, leur star... L'après-match a été le coup d'envoi du phénomène de marketing du football moderne. Il y a eu une invasion de cravates, de cendriers, de maillots et de toutes sortes d'objets à la gloire du 0-5!* » Les dirigeants *blaugranas* retourneront à Madrid trois jours après le match historique pour offrir la médaille d'or du 75e anniversaire du club au général Franco. Lors de la remise de cette distinction, le *Caudillo* fatigué et malade félicitera le club pour son match victorieux, qu'il dit avoir suivi à la télévision. Franco mourra le 2 novembre 1975, à 83 ans... Le président du Barça 74, Agusti Montal, s'engouffre alors dans l'espace de liberté soudaine ouvert par la *goleada* du Bernabéu : il remet au goût du jour le « *El Barça Mes que un club* ». Montal va politiser la formule et en faire le mot d'ordre du 75e anniversaire d'un club qui se revendiquera encore plus nettement comme le vecteur politico-identitaire de la Catalogne. On organise une grande fête pour les soixante-quinze ans, en sollicitant le gotha des artistes catalans : leurs œuvres à la gloire du Barça sont toujours exposées au musée du Camp Nou. C'est aussi en 1974 qu'est créé le nouvel hymne du club, *El Cant del Barça* (« le Chant du Barça », musique de Manuel Valls, un éponyme oncle éloigné de notre ministre de l'Intérieur).

Le *revival* catalaniste porté par le Barça devenu « *l'armée d'un État sans nation* » (dixit Manuel Vasquez Montalban) a transcendé la jeunesse locale, tel le petit Joan Laporta (12 ans en 1974) : « *Je me souviens très bien de ce match : on sort du tunnel. L'histoire peut changer. C'est de ce jour que je suis devenu Cruyffien.* » Lequel Cruyff avait bien capté, lui aussi, le sens de l'histoire en marche : « *On avait battu le Real chez lui, 5-0. À l'époque, on était en pleine transition démocratique, Franco était mourant, et pour les Catalans, ce succès a été vécu presque comme une déclaration d'indépendance. C'est d'ailleurs l'un des rares matchs dont je garde précieusement l'enregistrement. Je veux que mes petits-enfants puissent le voir...* » Angel Bahamonde valide aussi l'impact identitaire fort induit par le 5-0 de février 1974 : « *Pour la Catalogne, oui, c'est très important. Politiquement, c'est la victoire contre le centralisme franquiste. Le Real = l'équipe du régime franquiste... Le Barça le pense ! Pour les Barcelonais, c'était comme une libération nationale, comme une prémonition qu'un jour prochain Franco allait bientôt mourir.* » Le contraste du discours « militant » de Joan Laporta opposé à la rhétorique décomplexée de toute « culpabilité » franquiste, presque condescendante, d'Angel Bahamonde reflète bien la différence qui existe entre « madridisme » de la *Casa Blanca* et « catalanisme » *blaugrana*. Le Real ne connaît pas d'angoisses existentielles. Le Real « est » : il existe sans avoir à se prouver qu'il existe. Il domine. Naturellement. Même son acte de naissance aide à le disculper de son péché franquiste quasi originel : le nom « Real Madrid » (*real* comme royal) a été attribué par décret du roi d'Espagne Alphonse XIII, le 26 juin 1920. Le Real, c'est aussi Madrid, capitale mondialisée, un stade mythique, un public comme une immense armée, le blanc royal exclusif d'un maillot immédiatement identifiable, le palmarès le plus prestigieux (9 Ligues des champions, record inégalé), une pléiade d'étoiles (Puskás, Di Stefano, Gento, Butragueño, Zidane, Raúl, Ronaldo et C. Ronaldo…). Écoutez Iker Casillas, l'immense gardien *merengue* : « *L'institution Real est au-dessus de tout et s'impose à tous ceux qui y passent. Le Real est le plus grand club du monde, comme il l'était il y a cinquante ans et comme il le sera encore dans cinquante ans.* » San Iker l'a dit posément, convaincu. Et il n'a pas vraiment tort… Dans le film *En un momento dado*, Emilio Butragueño, star du Real des années 80, confesse son admiration absolue pour Johan Cruyff, qui demeure son unique idole. Par un habile renversement dialectique, El Buitre parvient à assumer cet aveu compromettant aux oreilles des Madridistes purs et durs : « *Ne pas reconnaître le talent immense de Johan Cruyff n'est pas digne du Real Madrid.* » En vrai aficionado *« realiste »*, Butragueño établit que, en foot, tout passe d'abord au « révélateur Real », tout doit se mesurer à l'aune du Real : admirer Cruyff rehausse aussi la grandeur du Real ! Côté Barça, tout est différent : on doit sans cesse prouver et se prouver qu'on existe. C'est la destinée des opprimés, des vaincus de l'Histoire, ramenée à la maxime du philosophe Alain : « *La droite vit d'imposer, la gauche vit de convaincre* ».

Quatre mois après la *goleada* de février 1974, la finale de la Coupe d'Espagne oppose une nouvelle fois, le 29 juin, le Real et le Barça à Vicente Calderon. Averti du redoutable piège du hors-jeu défensif de Rinus Michels qui avait plombé ses attaquants, le Real prend sa revanche en l'emportant 4-0. Mais, Johan Cruyff était ailleurs… En Allemagne. La Coupe du Monde 74 révèle une dimension historique subliminale du célèbre n° 14 : la tenue *orange* des Hollandais faisant « littéralement » de Johan Cruyff le nouveau Guillaume d'Orange (1533-1584), dit

Guillaume le libérateur, chef de la révolte des Pays-Bas espagnols menée contre le roi d'Espagne Philippe II.... La venue de Guillaume-Johan le Libérateur (*El Salvador*) en Catalogne, en 1974, serait donc une coïncidence heureuse pour une région toujours en butte au souverain d'Espagne (Franco = Philippe II)?... Un clin d'œil de l'histoire esquissé par la providence? À l'instar de sa double accélération légendaire, il faudra deux passages de Johan Cruyff au Barça pour y insuffler sa révolution Orange en Catalogne. « *Quand j'ai débuté aux Pays-Bas, à la fin des années 60, le contexte social et culturel ressemblait un peu à ce que j'ai trouvé à Barcelone presque vingt ans plus tard quand j'y suis revenu pour être entraîneur. Une société verrouillée et, sous-jacente, une grande aspiration à plus de liberté [...] Quand je suis arrivé, en 1988, la mentalité catalane était encore très marquée par les années de franquisme. Il fallait être discret et travailleur, ne pas se démarquer [...] Il faut comprendre que la couleur à la mode, à cette période, était le bleu marine. Une couleur pour qu'on ne vous distingue pas des autres, pour surtout ne pas être vu. Moi, j'ai voulu faire exactement l'inverse: un deuxième maillot orange ou jaune fluo. On va sortir de l'obscurité, se distinguer et assumer. Nous avons changé les mentalités. Et pas seulement celle du Barça, mais celle de toute la Catalogne! Le sport peut ça [...] Je ne veux pas dire que j'ai changé les mentalités des Catalans, c'est le sport qui l'a changée. Moi je n'ai été qu'un catalyseur* ». Johan Cruyff a toujours refusé les offres parfois mirobolantes d'entraîner le Real Madrid. Johan Cruyff est l'actuel sélectionneur de l'équipe de Catalogne.

Chili - URSS
2-0

21 novembre 1973
Estadio Nacional de Santiago (Chili)

Barrage retour de qualification
pour la Coupe du Monde 1974

« *En 1973, on a vécu une situation incroyable… Avec les Quilapayun, on devait se produire à un festival mondial de la jeunesse. En Bulgarie, je crois. Finalement, un autre groupe a été choisi pour représenter le Chili. On est alors allés voir le président Allende et on lui a expliqué qu'on souhaitait aller jouer en Europe. Et le président a trouvé ça très intéressant parce qu'à ce moment-là, la situation politique chilienne était très compliquée, donc lui cherchait par tous les moyens à médiatiser le pays. Qu'on aille en Europe, pour lui, c'était une possibilité de faire parler du Chili, du gouvernement chilien, des difficultés diverses, etc. Il nous a dit :* "Les amis, je vais vous envoyer en Europe en tant qu'ambassadeurs culturels du gouvernement". *On nous a donné des passeports diplomatiques pour voyager. Et on est partis ! Grâce à lui… Nous avons quitté Santiago du Chili le 18 août 1973. On devait rentrer au pays fin septembre. En France, on devait faire l'Olympia, la Fête de l'Huma, et un concert au Havre en solidarité avec les dockers qui avaient refusé le blocus du cuivre chilien en France. Allende nous avait aussi demandé de l'accompagner en Algérie pour la Conférence des non-alignés. On était donc à Alger, début septembre, prêts à le retrouver. Et puis on a reçu un message de notre ambassade qui nous informait qu'Allende avait annulé son déplacement à Alger parce que la situation politique était trop tendue au Chili et qu'il ne voulait pas quitter le pays. On a chanté en Algérie comme prévu et on est rentrés à Paris pour faire la Fête de l'Humanité. C'était le 9 septembre. On a fait la scène centrale, devant 80 000 personnes. C'était impressionnant. Et puis deux jours après, le coup d'État militaire… On avait quitté le Chili et trois semaines après, le putsch. Tout était fini, tout était terminé.* »

Quand on était mômes, à 12 ans, en 1975, on jouait au foot au quartier des Fossés-Jean, à Colombes. Au printemps, les plus grands se donnaient rendez-vous pour le match du soir, « *contre les Chiliens !* ». J'ai dû jouer une ou deux fois « contre les Chiliens » parce que c'était tard, vers 19-20 heures. Les grands me mettaient dans les buts. « Les Chiliens », c'était les Quilapayun. On savait vaguement qu'ils étaient musiciens, exilés politiques à cause de la dictature, qu'ils ne parlaient pas très bien le français, qu'ils étaient plutôt sympa, moustachus et barbus. *El pueblo unido jamás será vencindo*, c'était eux, ça je savais. Et puis la Mairie communiste avait baptisé une grande avenue du nom de Salvador Allende… J'ai retrouvé Carlos Quezada, l'une des voix des Quilapayun, au début de décembre 2012, de retour d'une courte tournée sud-américaine. À Colombes. Et on a parlé du passé, de l'élan brisé du Chili d'Allende et de l'Union populaire. On s'est replongé au début *« des années 70, une époque merveilleuse pour la jeunesse, des années pleines d'amour et de paix, de fleurs et de progrès »*, comme le raconte si bien Carlos Caszely, à l'époque avant-centre de la sélection chilienne, dans le documentaire « Les Rebelles du Foot » (de Gilles Perez et Gilles Rof, 2012). « *Avec Caszely, on était bons amis*, se souvient Carlos Quezada. *Il était du même bord politique que nous, pro-Allende. Caszely avait vraiment été remarquable quand il a refusé de serrer la main à Pinochet… On se rencontrait souvent et il participait aux activités. Non, non, il ne chantait pas !* (Rire) *Il était tellement populaire que partout où il se retrouvait, c'était l'émeute !* »

Les dures images en noir et blanc du coup d'État du 11 septembre 1973 sont restées en noir et blanc. Le palais présidentiel de la Moneda bombardé. Un jour nuageux, froid. Allende meurt les armes à la main. Débarquent alors les lunettes noires de Pinochet, comme celles plus tard de Jaruzelski (Caszely : « *Je combats toutes les dictatures, de droite comme de gauche* »). L'autodafé des livres jetés aux flammes à même le trottoir par des soldats sans regard. La Mutualité, Yves Montand, Solidarité avec le Chili… USA, CIA, Nixon, Kissinger. En 1978, *Dear Henry* le fan de foot s'était rendu en famille au Stade Monumental de River Plate dans l'Argentine « rectifiée » de Videla. Il y avait déclaré : « *Je ne vois pas pourquoi les États-Unis devraient rester stoïques et regarder un pays devenir communiste à cause de l'irresponsabilité de son propre peuple.* » *Dear Henry*, ou quand les grands amoureux de ballon rond interfèrent dans les grands pays de foot… Autre stade, celui de Santiago du Chili. L'Estadio Nacional. *Golpe de estado* (coup d'État). Estadio, estado. Dès le lendemain du coup d'État, preuve de la préméditation, le monde entier sait que la junte parque tous les opposants à l'Estadio. À l'intérieur, des jeunes chevelus, inquiets, incrédules, barrés par les militaires lourdement casqués. Ils seront presque 12 000 à être retenus prisonniers dans l'enceinte même où, l'année précédente, le grand poète et écrivain chilien Pablo Neruda y avait célébré son prix Nobel de Littérature. Neruda mourra le 23 septembre 1973, dans des circonstances troublantes… Sous les tribunes de l'Estadio, aux sous-sols, et même dans les vestiaires, c'est l'horreur : viols, interrogatoires, séquestrations, meurtres, tortures, disparitions. Le grand dramaturge, poète et chanteur Victor Jara transitera par l'Estadio avant de mourir assassiné. « *As every cell in Chile will tell/ The cries of the tortured men/ Please remember Victor Jara, in the Santiago stadium/ Es verdad, those Washington bullets again* » (The Clash, *Sandinista!* – 1981).

Une rencontre de foot est programmée, à l'Estadio Nacional, le 21 novembre 1973. Le match retour de barrage Chili-URSS qualificatif à la Coupe du Monde 74 en RFA… Après avoir éliminé le Pérou, en avril-mai 1973 (0-2, 2-0), puis le 5 août en match d'appui à Montevideo (2-1), la *Roja* (la sélection du Chili) doit en découdre avec la zone Europe, qui lui oppose l'URSS. Le match aller est fixé au 26 septembre à Moscou, soit quinze jours seulement après le putsch… La plupart des joueurs sont inquiets pour leur famille, se souviendra le milieu défensif Guillermo Páez : « *Nous avions quitté Santiago moins d'une semaine après le coup d'État, par le deuxième avion autorisé à décoller de l'aéroport de Cerrillos, et nous n'avions que peu de nouvelles de ce qui se passait chez nous.* » Juste avant ce match, le capitaine emblématique Elias Figueroa prend la parole : « *Notre peuple vit des moments graves et difficiles, nous devons jouer pour lui.* » Sur le terrain, la solidarité chilienne neutralisera la Russie de Lobanovski et de Blokhine, vice-championne d'Europe 72 (0-0). Il faut jouer le match retour. À l'Estadio Nacional, comme il est prévu. Carlos Quezada n'a pas oublié : « *On était ici en France. Le match retour était donc au Chili. Sauf que là… Problème ! Parce que le stade national, c'est le stade du foot du Chili, or il servait de prison. Comme à l'époque des nazis, pendant l'occupation de la France, qui utilisaient des stades pour enfermer les résistants. La junte chilienne a fait pareil. L'Estadio n'était plus un lieu de foot, de sport, de convivialité : c'était devenu un lieu de tortures, d'angoisse. Et l'URSS ne voulait pas jouer dans ce stade-là par principe. Pas possible ! L'Union soviétique a alors fait la proposition de jouer dans un autre stade, neutre. Ils ont proposé le stade d'Arica, au nord du Chili, à la frontière du Pérou. Au Mundial de 1962, au Chili, notre sélection y avait joué contre l'URSS et l'y avait éliminée. Les Russes connaissaient donc déjà le stade. Mais la Fédération chilienne n'a pas accepté :* "Ou vous jouez au stade de Santiago du Chili, ou pas du tout !" *Le jour du match, l'équipe d'URSS ne s'est pas présentée. Et le Chili a gagné le droit de participer au Mondial, comme ça. Par forfait. Je ne me souviens plus trop des images. C'était il y a longtemps…* »

Il fait grand soleil quand les onze joueurs chiliens pénètrent sur la pelouse de l'Estadio. Après avoir salué le maigre public, ils jouent l'engagement au coup de sifflet de l'arbitre face à un adversaire inexistant. Ils se passent le ballon en progressant vers la surface adverse, et une fois arrivés aux 6 mètres, le ballon échoit au capitaine Francisco « Chamaco » Valdès Munoz, qui le catapulte dans le but vide… L'immense panneau lumineux surmonté d'un message d'autrefois (*La juventud y el deporte unen hoy a chile*, « la jeunesse et le sport unissent aujourd'hui le Chili ») prend acte : *Copa del Mundo FIFA 74… Sélec. De Chili 1… Sélec. U. Sovietica 0*. Au départ, le stade n'était pas « disponible » pour l'organisation de ce match retour, mais les autorités sportives chiliennes avaient promis à la Fifa qu'il le serait pour le 21 novembre. La Fifa avait accepté à condition d'envoyer d'abord une délégation dédiée. Le Suisse Helmut Käser et Abilio d'Almeida, à la tête de la mission, rendirent un rapport positivement rassurant de Santiago ville : « *Nous avons trouvé que le cours de la vie était normal, il y avait beaucoup de voitures et de piétons, les gens avaient l'air heureux et les magasins étaient ouverts* »… « *Elle est bonne ! Je dirais même que cette soupe est excellente !* », s'était réjoui le chef de la délégation envoyée conjointement à Dachau, en 1943, par le Vatican et la Croix-Rouge. À la grande satisfaction de Goebbels… Le rapport Fifa décrit le Stade National comme un simple «centre d'orientation» (sic) destiné à vérifier l'identité de certains opposants politiques présumés. La Fifa câble alors la fédération soviétique, lui garantissant la faisabilité du match à Santiago. «*La Fifa a fermé les yeux: "Non, non, non! Je ne vois rien du tout! Je m'en fiche de ça: il faut jouer!"*», fulmine Carlos Quezada. La fédé russe refusa le déplacement à l'Estadio, tout en demandant expressément qu'on délocalise le match dans un pays tiers, en Amérique du Sud. C'est sur une fin de non-recevoir de la Fifa et de la Fédération chilienne que la date du match fut maintenue au 21 novembre. Dans l'enceinte sportive débarrassée de tous les prisonniers politiques et de toutes traces sinistrement accusatrices. Le Chili avait également exigé une indemnisation de 300 000 dollars de la part de l'URSS si son équipe ne se présentait pas, afin de rembourser les coûts de la préparation du match ainsi que le manque à gagner de billets invendables… Selon les directives réglementaires Fifa, le onze chilien devait rester le temps d'un match de 90 minutes sous le contrôle d'un arbitre agréé. Le score minimal de 1-0 était nécessaire à valider la qualif chilienne au Mondial: Francisco Valdès Munoz s'en chargea. Aujourd'hui, le site officiel de la Fifa affiche pourtant le score de 2 à 0 pour le Chili…

Le match a duré exactement 28 secondes. «*Mais qu'est-ce qui s'est passé dans la tête des dirigeants de la Fifa? Faire jouer ce match à l'Estadio?! C'était le show le plus débile, le plus stupide qui soit… Et j'ai été acteur de ce show!*», s'insurge aujourd'hui encore Carlos Caszely. L'ancien N° 9 de la *Roja* rapporte aussi le témoignage de l'écrivain chilien Carlos Pezoa Véliz: «*Ce jour-là, j'étais au stade. Il y avait 30 000 personnes, sauf dans un virage. C'est devant ce virage vide que les joueurs chiliens sont venus "célébrer" leur but. Personne ne comprenait pourquoi…*». «*Moi et cet écrivain, on savait à qui on avait dédié ce but. C'était comme pour saluer "ceux qui auraient dû être là". Nous savions que ce but leur était dédié*», précise C. Caszely. L'adversaire soviétique aura davantage affiché une opposition de principe sur le fait de jouer à l'Estadio plutôt que de boycotter carrément les deux rencontres, postérieures au coup d'État… Comment Carlos Quezada considérait-il l'URSS ? « C'*était un pays ami qui nous a reçus plusieurs fois, nous, les Quilapayun. Il y a eu beaucoup de Chiliens qui ont été accueillis à Moscou et qui y ont vécu longtemps en réfugiés, y compris des gens de ma famille. Derrière le coup d'État militaire, il y avait le gouvernement des États-Unis. C'était en pleine Guerre Froide : "Eh bien si les États-Unis ne voulaient pas de nous, l'Union soviétique, elle, nous ouvrait les portes !" Nous avions une grande sympathie pour l'Union soviétique. Mais sans jamais cautionner les crimes du régime stalinien.* »

Le Chili est qualifié. Augusto Pinochet reçoit alors la sélection à la Moneda. Les images de la télévision, toujours en noir et blanc, font froid dans le dos. Le chef de la junte, entouré d'ecclésiastiques soumis et de sinistres galonnés, avance, lugubre. Carlos Caszely raconte la suite : «*Pinochet, raide, sévère, sa grande cape, le pas de ses bottes. Il passe en serrant la main de chaque joueur… Il arrive devant moi, je garde les mains au dos. Quand il me tend la main, je ne la lui serre pas. Je me sens comme une obligation : j'ai un peuple derrière moi en train de souffrir. Chaque jour, j'étais sollicité de toutes parts… "Carlito, aide-moi". Alors j'ai craqué : Non ! Stop à la dictature ! Je ne serre pas la main. S'ensuit un long silence de 1 000 heures… Quand je me suis retrouvé face à lui, je lui ai dit :* "Vous savez qu'il y a des problèmes. Des problèmes avec les syndicats. Des problèmes avec les détenus". *Alors il s'est bouché les oreilles en me disant :* "Ne me parlez pas de ça. Ça ne me plaît pas qu'on me parle de ça !" » Plus tard, de retour d'Espagne (il jouait à Levante) pour retrouver la sélection au Chili, Carlos apprend que sa mère a été torturée pendant son absence : la junte lui a fait payer le face-à-face avec Pinochet, ainsi que sa conduite « subversive », courageusement constante depuis le *golpe*… La *Roja* s'en ira jouer la Coupe du monde en Allemagne, en juin 1974. Problème : là-bas comme partout où elle joue, elle provoque des manifs de protestation du fait du régime dictatorial de Pinochet. « *Comme les autorités allemandes redoutaient un nouveau Munich, nous étions constamment surveillés. Dans le château où nous étions installés, à Berlin, il y avait en permanence trente policiers et nous ne pouvions pas sortir comme nous l'entendions. Pour nous, c'était un peu bizarre car, avant de quitter le pays, nous avions obtenu de Pinochet la promesse que nos familles ne seraient pas inquiétées, même celles qui, comme la mienne, étaient de gauche. Et effectivement, aucun de nos proches n'a été arrêté* », témoignera Leonardo Veliz, milieu de terrain en 1974 et futur membre du gouvernement socialiste de Michelle Bachelet, en 2006. Pouvait-on soutenir cette *Roja* quand on était chilien ? Carlos Quezada s'emporte : « *Supporter le Chili, même à une Coupe du monde ? À ce moment-là ? Impossible ! J'étais contre cette sélection, bien évidemment. Je m'en fichais de la sélection du Chili : qu'on l'élimine le plus vite possible ! C'est ça que je pensais, moi* (Rire). *Pourquoi veux-tu que je sois chauvin ? À ce moment-là, l'équipe représentait forcément ce pays devenu horrible. Des sélectionnés chiliens devaient peut-être ressentir au fond d'eux-mêmes la même chose que moi : ils jouaient pour la sélection du Chili mais avec un dégoût terrible. Je ne sais pas… Ils représentaient à ce moment-là une dictature militaire. Ils n'étaient pas vraiment "instrumentalisés", mais d'une certaine façon, ils participaient sans pouvoir rien dire, ou sans pouvoir rien faire, à cette situation insupportable. Il y avait des joueurs de gauche, comme Caszely et d'autres. Il y avait cette contradiction de jouer pour le Chili, mais sans être tout à fait convaincu qu'il fallait être là. C'est un mélange de beaucoup de choses très difficiles à conjuguer : l'esprit patriotique mêlé à une situation dure, avec une dictature. Est-ce que tu te sens encore vraiment chilien quand tu représentes un pays dirigé par un militaire qui a fait tuer un président démocratiquement élu ? C'est un cas de conscience très délicat pour les joueurs. Je ne veux pas les juger.* » Pour Carlos Caszely, le choix des sélectionnés chiliens fut moins tortueux : « *Nous ne nous sommes jamais posé la question au sujet de notre participation ou non à cette Coupe du monde. Pour nous, y aller, c'était l'aboutissement de notre engagement, à la fois de sportifs, mais aussi de Chiliens. Nous y allions pour représenter notre pays… Pas Pinochet.* »

En Allemagne, le Chili ne brillera pas, malgré une courte défaite (0-1) face à la RFA de Müller, qui n'a pas marqué. Suivront deux nuls éliminatoires face à la RDA (1-1) et contre l'Australie (0-0), où une banderole anti-Pinochet fut déployée sur la pelouse de l'Olympiastadion de Berlin-Ouest pendant le match… À Colombes, Carlos n'a pas trop suivi ce Mondial : « *On ne savait pas combien de temps allait durer cette merde de dictature. Nous, on était ici, on croyait qu'on allait pouvoir rentrer au Chili bientôt : on est restés quinze ans ici en France ! Sans pouvoir remettre les pieds au Chili… Nous étions tous jusqu'en 1988 sur une liste noire établie par Pinochet lui-même de 2 500 bannis, rigoureusement interdits de retour. On est rentrés en 1988. Sous la pression internationale, Pinochet avait dû organiser un référendum de soutien à sa junte qu'il croyait gagner. Sauf qu'il l'a perdu ! On a participé dans les derniers meetings, on militait pour le non. C'était fantastique, extraordinaire, des centaines de milliers de gens dans la rue. Le mot d'ordre de la campagne, c'était "l'alegria ja viene", la joie arrive, la joie revient.* »

Un spot télévisé en faveur du « non », avec Carlos Caszely et sa mère témoignant des tortures que cette dernière a subies, contribuera aussi à la défaite référendaire de Pinochet. La démocratie reviendra… Et c'est à l'Estadio Nacional débordant de joie et d'émotion que se tiendra la grande fête de la Réconciliation, le 12 mars 1990. Un immense drapeau chilien est déployé intégralement sur la surface de la pelouse, comme pour recouvrir d'un linceul coloré les horreurs des années mortes… «*NUNCA MAS*» («plus jamais ça»), s'écriera la foule. Carlos Quezada n'y était pas, «*mais en 2003, on y avait joué, pour le 30e anniversaire de l'assassinat de Salvador Allende. Ce stade du Chili fait partie de la tragédie de mon peuple, donc, dans tous les endroits où il y a une "sensibilité" spéciale, tu ressens évidemment une grande émotion. À l'Estadio, tu ne pouvais pas t'empêcher de penser qu'il y avait eu là des amis à toi… Comme Angel Parra, un ami chanteur qui vit maintenant en France et qui y a passé quelques jours enfermé. Il y avait un autre stade, l'Estadio Chile, une sorte de grand Bercy. Dans ce stade, on avait fait des concerts mémorables : c'est là qu'ils ont tué notre directeur musical, Victor Jara*»…

Carlos ne joue plus au ballon, mais il suit toujours l'actu foot : «*Je suis pour l'OM. Le Chili, non. Je suis coupé du Chili, je soutiens un peu, comme ça… Mais de loin, pas plus que ça. J'étais supporter de l'Universidad de Chile, actuellement notre meilleure équipe. Mais je ne connais plus aucun joueur. Je garde un œil sur les joueurs chiliens en Europe… Estrada à Montpellier. Pizarro à la Fiorentina, j'aime bien ! Alexis Sanchez au Barça. Ah, oui ! Vidal ! Il joue à la Juve, c'est bien ça ? Comme je suis le championnat de France, les joueurs de L1, je suis plutôt un supporter de l'Équipe de France ! Eh, oui !… Ça fait plus de quarante ans que je suis en France, mon pote ! Une génération… J'aimerais bien que les Bleus gagnent la Coupe du monde au Brésil.*» Les Quilapayun se produisent encore sur scène *(«On est 11 actuellement, 6 au Chili et 5 en France, comme une équipe de foot !»)* et, à partir de septembre 2013, ils entameront une série de concerts commémorant les quarante ans de la mort d'Allende. Aujourd'hui comme hier et avant-hier, les Quilapayun chantent «utile». Toujours.

«*À quoi sert une chanson/ Si elle est désarmée ?/ Me disaient des Chiliens/ Bras ouverts, poings serrés.*» (Julien Clerc)

Honduras – El Salvador
2-3 a.p. (2-2)

28 juin 1969
Stade Azteca de Mexico (Mexique)

Match de barrage zone Concacaf de qualification pour la Coupe du Monde 1970

«*Le Guatemala n'existe pas; je le sais, j'y ai vécu*», notait Georges Arnaud, en exergue de son roman *Le Salaire de la Peur*. De retour d'Amérique du Sud, où il avait vécu pendant trois ans, Arnaud avait pondu, en 1950, une story noire comme le pétrole exploité par la SOC Cette multinationale faisait convoyer par camion spécial 400 kg de nitroglycérine à quatre losers pour éteindre un incendie qui ravageait ses puits de pétrole… Treize ans plus tôt, avec *L'Oreille cassée*, Hergé, comme Jacques Brel, se prenait pour Voltaire en proposant en BD un conte philosophique dans lequel Tintin jouait Candide. Ici encore, des pays d'Amérique du Sud qui n'existent pas. La République du San Theodoros gouvernée par le général Alcazar, après son coup d'État contre le général Tapioca. Et le Nuevo Rico présidé par le général Mogador. Malgré l'avis de son aide de camp, Tintin, le général Alcazar déclare la guerre au Nuevo Rico afin d'annexer le désert du Gran Chapo qui abriterait des réserves de pétrole. Contre rétribution personnelle juteuse, Alcazar a déclenché cette guerre sur une suggestion de la General American Oil, en concurrence avec la Compagnie anglaise des Pétroles sud-américains. L'American Oil suggère aussi à Alcazar de se débarrasser de Tintin : Alcazar condamne donc la houppette à être fusillée pour traîtrise. Pendant ce temps, M. Basil Bazaroff, grand VRP de la Viking Arms Co. Ltd., a eu le temps de vendre des canons et des obus au San Theodoros, puis au Nuevo Rico, juste avant que le conflit n'éclate pour de bon…

En juin 1969, rien ne va plus entre le Honduras et le San Salvador, deux pays d'Amérique centrale bien réels. Mais l'Amérique centrale existe-t-elle vraiment ? En fait, ça chauffe depuis des années entre deux États alliés des États-Unis, anticommunistes, ayant les mêmes populations métisses et parlant la même langue. Le Salvador est le plus petit pays d'Amérique centrale et l'un des plus peuplés (4 millions d'habitants), comparé au voisin hondurien, six fois plus étendu, mais qui n'abrite que 3 millions d'âmes. Le prospère Salvador est sous le contrôle d'une oligarchie, les fameuses « 14 familles » de la grande bourgeoisie locale, industrielle et agricole. Le Honduras, pays économiquement plus faible où, selon la devise, «*même les riches sont pauvres*», est sous la coupe de la tristement célèbre United Fruit, multinationale américaine tentaculaire qui fait la pluie et le mauvais temps en Amérique centrale. La «United» contrôle presque tout au Honduras (ports, chemins de fer, banques), elle fait et défait les gouvernements, installe les militaires. Un État dans l'État hondurien, d'où est même née l'expression «république bananière». Face aux problèmes économiques qui s'aggravent au Honduras, à la fin des années 60, le gouvernement en place du général Arellano préfère incriminer le San Salvador voisin... plutôt que de s'attaquer aux privilèges de la United Fruit. La manœuvre est toute trouvée: il y a 300 000 paysans pauvres salvadoriens (12 % de la population hondurienne) qui exploitent, parfois sans titres de propriété, des terres du Honduras. Une immigration continue depuis des décennies qui pose problème... «*Les Salvadoriens colonisent le Honduras!*», proclame alors le général Arellano, bien décidé à surfer sur le ressentiment national. La presse hondurienne embraye fort sur la pente xénophobe, mais en dénonçant également le MCCA (Marché commun centraméricain, créé en 1960), qui profiterait surtout au San Salvador et au détriment du Honduras! Un climat de tensions réciproques s'envenime une première fois, en 1967, lorsque des petites troupes salvadoriennes pénètrent en territoire hondurien «*pour protester contre la xénophobie anti-salvadorienne*». Les États-Unis interviennent alors promptement pour éviter que les escarmouches ne dégénèrent. Mais la fièvre ne retombe pas...

En vertu de la réforme agraire hondurienne de 1962, qui stipule que les terres publiques devaient être données aux paysans sans terre exclusivement honduriens, les autorités de Tegucigalpa vont activer les expulsions contre les travailleurs agricoles étrangers, essentiellement salvadoriens. En 1968, des centaines de ces familles sans titres de propriété sont ainsi chassées. Au début de l'année 1969, des paysans, honduriens surtout, mais aussi salvadoriens, envahissent des terres afin de réclamer la mise en œuvre de la réforme agraire de 1962, qui ne s'est opérée qu'au compte-goutte. Devant le péril, les grands propriétaires honduriens agitent à leur tour le spectre nationaliste de l'invasion étrangère. Ils font illico appel au pouvoir pour déloger les « spoliateurs étrangers ». Le général Arellano doit agir : trente ans plus tôt, des révoltes paysannes avaient dû être réprimées dans le sang (30 000 morts). De plus en plus pressé par les hauts militaires qui le poussent à la guerre, Arellano craint en outre de se faire destituer par un putsch… Le 1er juin 1969, la peur passe la frontière : 500 familles salvadoriennes expulsées reviennent au pays, au grand déplaisir des autorités locales. Le pouvoir militaire de San Salvador et les latifundistes ne veulent carrément pas du retour de ces « immigrés » qui pourraient, eux aussi, engendrer une révolution paysanne. De plus en plus pressé par les hauts militaires qui le poussent à la guerre, le général Fidel Sánchez Hernández, président du Salvador, craint en outre de se faire destituer par un putsch… Le samedi 7 juin 1969, de nouvelles expulsions de Salvadoriens grossissent le flot des paysans chassés…

Le lendemain, dimanche 8 juin, l'équipe nationale du Honduras reçoit le San Salvador au stade national Tiburcio Carias Andino de Tegucigalpa… Le hasard a placé les deux pays dans la même demi-finale de qualification de la zone Concacaf (la Zone Amérique du Nord, centrale et Caraïbes) en vue de la Coupe du Monde 1970 au Mexique. Le vainqueur devant en découdre avec Haïti, en finale, pour espérer participer à ce Mundial… Au terme d'un match âpre et indécis, les Honduriens l'emportent 1-0 à la 90e minute sur des Salvadoriens exténués. Il faut dire que, durant toute la nuit qui a précédé la rencontre, ils se sont fait pourrir par un concert de klaxons et de pétards par les supporters du Honduras. Le 15 juin, au match retour au stade Flor Bianca de San Salvador, les locaux expédient 3-0 des Honduriens exténués. Durant toute la nuit qui a précédé la rencontre, ils se sont fait eux aussi pourrir par les supporters salvadoriens, mais en beaucoup plus dur. Outre les klaxons, les pétards et les jets de projectiles divers, on lance également une bombe artisanale dans une de leurs chambres de l'Hôtel Intercontinental où ils sont reclus, terrorisés. La bombe n'explosera pas… Il faut aller disputer la belle à Mexico dans un climat de surchauffe généralisé : des incidents de frontière font deux morts honduriens au soir du match retour. Au Salvador, on se prépare à la guerre : on rappelle les réservistes et on achète des armes. Le jeudi 26 juin, veille du match de Mexico, le Salvador rompt ses relations diplomatiques avec le Honduras. Au Stade Azteca de Mexico, sous une pluie battante, le favori salvadorien, pourtant mené 2-1, finit par l'emporter 3-2 dans les ultimes instants de la prolongation, grâce à un but en long tacle glissé de Pipo Rodriguez… C'est la concomitance de ces trois matchs avec le conflit qui s'ensuit qui lui donnera le nom de « Guerre du Football » (« Soccer War »). Une appellation tirée d'un recueil de textes (*La Guerre du foot et autres guerres et aventures*[8], 1978) écrit par le journaliste polonais Ryszard Kapuściński, présent sur les lieux au moment du conflit. *La Guerre du Football* : l'expression a fait florès jusqu'aujourd'hui… Car tout dégénère rapidement. La vraie guerre éclate le 14 juillet, avec l'invasion salvadorienne du Honduras. Inspirée par la guerre-éclair israélienne des 6 Jours (juin 1967), l'offensive pénètre profondément en territoire adverse, appuyée par le bombardement aérien de l'aéroport de Tegucigalpa par un Douglas C-47. Une drôle de guerre fait rage, comme le note Kapuściński : deux armées, mais mêmes uniformes, mêmes matériels, même langue, mêmes peuples. Deux détachements qui se rencontrent ne savent

8. *La Guerre du foot et autres guerres et aventures*, 1978 (réédité sous le titre *Il n'y aura pas de paradis*).
Ryszard Kapuściński est un écrivain et journaliste polonais (1932-2007).

pas s'ils sont alliés ou ennemis. L'OEA (Organisation des États américains) intervient en vain. Miss USA ne bouge pas. Madame rêve… d'une fusée Saturn V (mission Apollo 11) qui doit décoller le 16 juillet pour la Lune, avec à son bord Armstrong, Collins et Aldrin. Le 17 juillet, l'aviation hondurienne a bombardé la raffinerie de pétrole d'Acajutla, de l'autre côté de la frontière, et porté un coup fatal à l'approvisionnement en hydrocarbures de l'armée salvadorienne. Le conflit s'essouffle au bout de quatre jours : plus de munitions, plus d'armes, plus de carburant… Le 19 juillet, le cessez-le-feu clôt la guerre sur l'intervention du Conseil de l'Organisation des États américains. La « Guerre du Football » aurait fait de 3 000 à 6 000 morts et 15 000 blessés. Le 20 juillet, l'humanité a fait un pas de géant en alunissant sur la Mer de la Tranquillité.

Épilogue… Les États-Unis ont sifflé la fin de la partie. Deux pays alliés en guerre, ça faisait un peu tache dans leur zone d'influence latino-américaine, du Mexique au Chili. Pourquoi les USA ne sont-ils pas intervenus dès le départ pour empêcher le conflit ? Peut-être parce qu'il y avait aussi ce Marché commun en Amérique centrale ne plaisait pas à tout le monde, en particulier aux nombreuses multinationales nord-américaines, menacées dans leurs intérêts. Un Marché commun bien établi en tant qu'organisation supranationale qui pouvait gêner leur mainmise sur la région, leur pouvoir de faire et défaire les régimes politiques en place, les gouvernements et les juntes. Ces trusts anglo-saxons ne se sont certainement pas privés de faire du lobbying auprès des autorités honduriennes (« *le Marché commun favorise outrageusement le Salvador !* »). Une petite guerre ne pouvait-elle donc pas « ébranler » un peu cet ensemble économique naissant ? Le conflit Honduras-Salvador aura perturbé durablement la bonne marche de ce Marché Commun Centraméricain. Dans le courant du mois de juillet 1969, Washington insiste pour que les troupes salvadoriennes quittent le territoire hondurien conquis qu'elles veulent annexer. Le Salvador n'obtempère pas... Tout au long du mois, les paramilitaires honduriens ont fait fuir par la terreur 25 000 Salvadoriens. Fin juillet, on solde le conflit à la conférence de l'OEA. À Washington, encore. Le 3 août, le Salvador, qui ne voulait toujours pas évacuer les territoires conquis, cède brusquement et rapatrie enfin ses troupes. Washington, toujours... Bilan : les militaires sortirent renforcés dans les deux pays après cette guerre. Il fallut attendre 1980 pour qu'un traité de paix soit signé. La dispute territoriale à l'origine de la guerre ne fut résolue qu'en 1992, par la Cour internationale de justice (CIJ).

Épilogue... Après leur qualification, les joueurs salvadoriens seront érigés au rang de héros de la patrie. Une rue de San Salvador a été rebaptisée boulevard des Héros, en hommage aux militaires de cette guerre... et aux footballeurs qualifiés au Mundial. Côté hondurien, « *la défaite a été une sorte d'atteinte à la fibre patriotique, les footeux ont été oubliés. Personne ne sait ce qu'ils sont devenus. C'est un peu comme s'ils n'avaient jamais existé* », témoignera José Luis Barralaga, journaliste hondurien à *la Prensa* de Tegucigalpa. Le 21 septembre, en finale aller de qualification, le San Salvador a battu Haïti 2-1 à Port-au-Prince. Le 28 septembre, au retour, les Haïtiens l'emportent 3-0 à San Salvador. Le match d'appui du 8 octobre à Kingston mettra un terme favorable à la longue et éprouvante campagne de qualification hondurienne au Mundial 1970 : c'est encore en prolongation que Pipo Rodriguez fit la différence (1-0). Mais en Coupe du monde, le Salvador se fera tauler 0-3 contre la Belgique, 0-4 par le Mexique et 0-2 face à l'URSS.

Épilogue… Depuis longtemps, on réfute l'expression «Guerre du Football» en Amérique centrale, surtout au Honduras et au San Salvador. «*Si aucune partie de ballon n'avait eu lieu en ce mois de juin 1969, une autre étincelle aurait à coup sûr été trouvée pour déclencher les hostilités*», assure David E. Galindo, recteur de l'Université José M. Delgado de San Salvador. Son compatriote Amilcar Mejía, journaliste à *la Prensa Grafica*, renchérit, «*la "guerre du football" porte mal son nom, ce ne sont pas les matchs qui l'ont provoquée, car le conflit était déjà en marche. Ces rencontres ont constitué un accélérateur de tension, un détonateur*». Et les footballeurs? Vainqueurs comme vaincus n'ont toujours pas digéré l'affront condescendant: «*Lier notre sport à la guerre, quelle absurdité! Certes, nous avons joué pour l'honneur de notre pays, mais sans lien avec le contexte géopolitique, plutôt pour être la première nation d'Amérique centrale à aller à la Coupe du monde*», s'emporte l'ancien défenseur central salvadorien Guillermo Castro, 71 ans. Et la guerre sur le terrain? «*Les rencontres furent très disputées, oui. Mais c'est normal! Chaque camp voulait gagner pour disputer cette compétition prestigieuse, pas pour flatter les nationalismes,* s'emporte Raul Magana, joueur salvadorien. *Mais la vérité, c'est qu'entre les deux équipes, il n'y a jamais eu de mauvaises intentions, ni d'insultes, ni même de mauvais gestes. On avait signé un pacte moral avec nos adversaires pour que ça ne dégénère pas.*» L'ancien arrière gauche hondurien, Fernando Bulnes, insiste: «*Nous n'avions pas de fusils… La guerre, ce n'est pas nous!*» Même s'il n'a tout de même pas oublié les circonstances pénibles du match retour au Salvador (0-3), comme le martèle encore aujourd'hui son ancien coéquipier, le milieu Marco Antonio Mendoza: «*Si nous avions gagné chez eux, nous ne serions pas sortis vivants du stade.*» L'anthropologue français André-Marcel d'Ans, auteur du livre *Le Honduras: difficile émergence d'une nation, d'un État*, fit aussi écho à toutes les récriminations honduro-salvadoriennes: «*La dénomination journalistique de "guerre du football" donne l'impression qu'ils sont des peuples prêts à en découdre pour une simple histoire de ballon. C'est très dépréciant. Cette guerre extrêmement violente a quand même entamé le potentiel de chacun pendant très longtemps.* » En Amérique centrale, on préfère donc parler de la « guerre de Cent heures ».

Épilogue… À la fin du livre *Le Salaire de la peur*, la cargaison de nitroglycérine est arrivée à bon port au prix de la mort de trois camionneurs. Le quatrième les rejoindra en enfer, au retour de cette mission du diable. Quand le film éponyme de Henri-Georges Clouzot sortit aux États-Unis (en 1953), il fut officiellement amputé pour anti-américanisme (*anti-americanism*) de séquences qui donnaient une image négative de la compagnie pétrolière, la SOC.

Épilogue… En imaginant le conflit pétrolier entre San Theodoros et Nuevo Rico, Hergé s'était inspiré de faits réels : la guerre du Chaco qui opposa, entre 1932 et 1935, la Bolivie, soutenue par la Standard Oil, au Paraguay, soutenu par Shell. À la fin de l'histoire *Tintin et l'Oreille cassée*, de nouvelles études géologiques démontrent l'absence de gisement pétrolifère dans le désert du Grand Chapo : elles éteignent du coup les enjeux pétroliers et le *casus belli*. Un accord de paix signé entre le général Alcazar et le général Mogador met donc fin à cette guerre inutile…

Dinamo Zagreb – Étoile rouge de Belgrade (0-3 sur tapis vert)

13 mai 1990
Maksimir Stadium (Zagreb) – Yougoslavie

Championnat de Yougoslavie

Churchill, d'abord : « *Les Balkans produisent plus d'histoire qu'ils n'en peuvent consommer.* » De Gaulle, ensuite, rapporté par Alain Peyrefitte : « *Joxe dit que Tito est un héros national. Moi je veux bien. Encore faudrait-il qu'il y ait une nation yougoslave. Il n'y en a pas. Il n'y a que des bouts de bois qui tiennent ensemble parce qu'ils sont liés à un bout de ficelle. Le bout de ficelle, c'est Tito. Quand il ne sera plus là, les bouts de bois se disperseront* » (1er juillet 1964). Le Grand Charles, encore : « *Cette permanence des nationalités, ça leur en promet de belles le jour où Tito ne sera plus là pour s'asseoir sur le couvercle de la marmite. Il tient la Yougoslavie depuis vingt ans. […] Seulement le jour où il s'en ira, les Croates, les Serbes et les Bosniaques mettront leur passion à lutter entre eux, comme ils l'avaient mise à lutter contre les Allemands. Ce sont des peuples guerriers* » (13 octobre 1965)… L'oracle de Churchill et les prédictions de de Gaulle se sont hélas vérifiés : la Yougoslavie s'est embrasée, en 1991, dix ans après la mort du maréchal Tito (1980). Un conflit fratricide de cinq ans. « Fratricide » quand on s'appelle Predrag Pasic, ancien international yougoslave, âgé aujourd'hui de 54 ans. « Fratricide » parce que Pasic est né et a joué en pro à Sarajevo, ville ouverte aux quatre religions (judaïsme, islam, catholicisme et Église orthodoxe) : « *Ici est morte la Yougoslavie, à Sarajevo ville arc-en-ciel... Des gens de différentes religions, de différentes couleurs, venus des quatre coins du monde. J'y croyais... Aujourd'hui, je me rends compte à quel point j'étais stupide. À l'époque, je croyais qu'il était totalement impossible de séparer des gens qui se sont mariés entre eux pendant des siècles. Je croyais qu'on était tellement mélangés qu'il était impossible de démêler tout ça.* » Sauf que la purification ethnique a tout dissous... Pasic est resté à Sarajevo pendant le siège (1991-1994) plutôt que de fuir en Allemagne. Il est resté dans ce nid de snipers pour s'occuper des enfants, tous les enfants, d'où qu'ils soient, pour les faire jouer au foot. Peut-être que naître à Sarajevo, en Bosnie, aidait à se prémunir des prophéties de malheur gaulliennes ou churchilliennes. Peut-être qu'en Bosnie, on s'aveuglait à croire éternelle la République fédérale socialiste de Yougoslavie. Seuls les Bosniaques fêtèrent la qualification pour les huitièmes de la Yougoslavie en Coupe du Monde 1990. Avant ce Mondial 90, l'hymne yougoslave était conspué à Zagreb... Car ici comme partout, le foot demeurait un baromètre tristement fiable des désordres en cours et à venir. « *En 1991, on a commencé à parler de la dislocation de la Yougoslavie... En 1991, Radovan Karadzic était le coach mental du club de Sarajevo. Je le connaissais bien. Celui qui nous rappelait constamment de jouer ensemble, d'être ensemble, de rester unis, de penser collectif s'est mué en animal politique... C'est lui qui a assiégé Sarajevo pendant trois ans.* » Autre enfant paumé de l'ex Yougoslavie et footeux enragé, Emir Kusturica. Dans son film *La vie est un miracle* (2004), dont l'action se situe en Bosnie, en 1992, le réalisateur serbe, qui se dit encore « yougoslave », avait mis en scène une longue séquence d'un match de foot qui dégénère dans le chaos. Une allégorie de la guerre qui s'annonçait. Et une allusion au fameux match Dinamo Zagreb – Étoile rouge de Belgrade du 13 mai 1990, révélé plus tard comme l'une des étincelles qui avaient allumé la guerre en Yougoslavie. Kusturica s'était d'ailleurs fait très explicite à propos de ce match « historique » : « *En fait, la guerre en ex Yougoslavie n'a pas commencé quand l'armée s'est retirée de Slovénie, mais sept mois auparavant, quand l'équipe de Belgrade a rencontré la Croatie* (sic) *sur un terrain de football.* » Aujourd'hui, quand on se rend au Stade Maksimir de Zagreb où fut joué ce « Dinamo-Étoile rouge », on peut s'arrêter devant la grande stèle murale en relief exposant un groupe de soldats qui se tiennent fièrement, avec sur le côté une plaque dédicacée « *aux supporters du club qui ont commencé la guerre contre la Serbie ici dans ce stade le 13 mai 1990* ».

Dinamo Zagreb-Étoile rouge Belgrade, c'est d'abord l'histoire d'un match… qui ne s'est jamais joué ! Lors de cette 33e et avant-dernière journée du championnat de Yougoslavie, l'Étoile rouge était déjà assurée de remporter le titre. L'affaire était donc pliée. L'Histoire aussi. Car les émeutes violentes qui se sont produites avant le match et qui en ont empêché le déroulement furent un concentré des haines du passé et des guerres du futur… En 1990, la Yougoslavie, ce sont les « *bouts de bois* » dont parlait de Gaulle : six républiques mêlant des populations d'ethnies et de religions différentes. Jusqu'en 1980, le maréchal Josip Broz dit Tito sera la « *ficelle* » qui tiendra le tout en faisant taire tout sentiment nationaliste, y compris en football. Tito préconisait ainsi « *une Serbie faible pour avoir une Yougoslavie forte* ». En Croatie, le Dinamo Zagreb (anciennement le Gradjanski, dissous à la Libération en 1945 par le régime titiste) est néanmoins toujours demeuré un bastion de

« l'âme croate », comme le confiera Pero Zlatar, ancien directeur sportif du Dinamo et ancien président du Cibona Zagreb de basket : « *Le Dinamo a tout de suite été fédérateur de l'identité croate, et cette dimension politique s'exprimait à travers les matchs contre les équipes de Belgrade.* » Les manifestations de joie assorties du drapeau croate qui suivent chaque grand succès du Dinamo sont soit réprimées (champion de Yougoslavie 1954), soit préventivement interdites (Coupe de l'UEFA 1967). La mort de Tito provoquera le réveil progressif des « nationalités » : « *C'est dans les stades de Zagreb que l'on a commencé à entendre des chants nationalistes croates. Le football était notre soupape, il n'y avait que là qu'on pouvait le faire. Après chaque match, il y avait des incidents et la police devait intervenir* », affirme Pero Zlatar. L'histoire s'accélère : comme dans les autres pays socialistes après la chute du Mur de Berlin, des élections multipartites générales sont organisées, en 1990, en Yougoslavie, les premières de son histoire. Le 6 mai 1990, les Croates portent au pouvoir l'Union démocratique croate (HDZ) de l'indépendantiste Franjo Tudjman (élu le 30 mai suivant président de la République de Croatie). Le HDZ a facilement capitalisé sur la fierté nationale et sur la peur du nationalisme serbe incarné par Slobodan Milosevic. Depuis mars, la Slovénie, pour sa part, est déjà en état de quasi-sécession...

Deux semaines avant l'explosif « Dinamo-Étoile rouge », la rencontre FK Sarajevo-Dinamo Zagreb de la 30e journée de championnat yougoslave n'avait pu aller à son terme, interrompue par divers incidents... Tout a donc commencé cet après-midi ensoleillé du dimanche 13 mai, avec l'arrivée à Zagreb d'environ 3 000 *Delije* (« les Braves »), les supporters les plus violents de l'Étoile rouge de Belgrade, qui sèment vite la pagaille en ville. Leur chef, Zeljko Raznatovic, alias Arkan, n'est pas du voyage. Les *Delije* arrivent au stade Maksimir sans être inquiétés par la police : ils sont « dans la place », dans le virage Est, chez l'ennemi numéro un de l'Étoile serbe ! Les images de la télévision yougoslave racontent la suite... Après avoir chanté des hymnes nationalistes serbes et hurlé « *Zagreb est serbe* », « *Nous tuerons Tudjman* », les *Delije* se mettent à arracher des panneaux publicitaires. Puis ils cassent leurs sièges, qu'ils balancent sur les supporters de Zagreb isolés de la tribune Sud toute proche. Sur la pelouse, les joueurs des deux équipes s'échauffent. Ensuite les « Braves » rouges en nombre parviennent à la tribune Sud, où ils se mettent à lyncher les supporters adverses. La police ne moufte toujours pas, ce qui provoque la colère du virage Ouest, où sont massés les *Bad Blue Boys*, supporters en azur foncé du Dinamo. Alors que certains d'entre eux tentent de déborder les grillages, les flics interviennent enfin. Passifs face aux Rouges, ils répriment en revanche les Bleus en les repoussant à coups de matraque ! Mais les *Bad Blue Boys* enfoncent l'enclos de sécurité et se ruent sur la pelouse pour en découdre avec les CRS et attaquer le virage rouge des *Delije*. Sur le terrain, c'est la panique. Les joueurs des deux équipes rentrent immédiatement aux vestiaires. Seuls quelques joueurs du Dinamo sont restés au milieu des bagarres entre les *Bad Blue Boys* et la police. En prenant la défense d'un « BBB » frappé à terre par un flic, le jeune capitaine du Dinamo Zvonimir Boban, 10 au dos, balance un high-kick au menton du bastonneur en uniforme. Ce coup de pied d'autodéfense, qui fera de Boban un héros national, sera à la fois immortalisé par une photo emblématique et par des fresques murales graffées à Zagreb dans le style pro-IRA de Londonderry... Menacé de lynchage par les flics enragés, Boban est aussitôt entouré et évacué hors du terrain par des *Bad Blue Boys* protecteurs. Le chaos se poursuit : assauts des BBB, charges de CRS, fumigènes, lacrymos, longues matraques, chiens policiers, hurlements, insultes, slogans, immenses drapeaux interdits de la Croatie au blason à damier rouge et blanc. Quant aux drapeaux officiels de la République socialiste de Croatie, ils sont troués en leur milieu pour faire disparaître l'étoile rouge du pouvoir central. Comme en Roumanie au moment de la déchéance de Ceausescu… Avec l'arrivée de renforts, de véhicules blindés et de massifs canons à eau, la police reprend le contrôle. L'émeute a duré soixante-dix minutes, presque le temps d'un match. Le bilan officiel est de 138 blessés et 147 arrestations. Jovan Velichvovic, correspondant en Yougoslavie de *France Football*, rapporte avec gravité l'événement qui dépasse à l'évidence le cadre du football, « *c'est vraiment une tragédie dans le football yougoslave, la première dans l'histoire de ce pays* ». Tragédie, Histoire, Yougoslavie : des mots associés qui annoncent déjà la fin. « *Pratiquement, en Croatie, on considère que ce match fut le vrai commencement de la guerre. C'est à ce moment que l'étincelle s'est allumée. On n'a pas pu l'arrêter* », confessera Pero Zlatar. La fédération yougoslave de football, basée à Belgrade, donnera match gagné sur tapis vert (3-0) à l'Étoile rouge, qui fera le doublé. En outre, la fédé suspendra pour six mois (ramenés à quatre) Zvonimir Boban, le privant ainsi de sélection pour la Coupe du Monde 1990 en Italie. En Croatie, on fustigera l'attitude des forces de l'ordre, « aux ordres du régime ». « *J'étais au match. Je peux vous dire que c'était une provocation nationaliste serbe !* », témoignera le journaliste et écrivain croate Luka Tripkovic… En 2012, Faruk Hadzibegic, grand international et capitaine de la Yougoslavie (1982-1992), n'a pas oublié le drame du Maksimir. À 45 ans, celui qui fit les beaux jours de Sochaux et Toulouse puis entraîna de nombreux clubs français évoque ce « Zagreb-Belgrade » avec amertume et suspicion : « *C'était surtout à une époque où nous, les Yougoslaves, on n'aurait jamais pu imaginer que la police intervienne sur un terrain de jeu ! À l'époque, nous étions inconscients de la situation politique, qui s'est très rapidement aggravée. Et l'illustration, ça a été ce match. C'est dommage… C'était un peu téléguidé par les politiciens de l'époque : là, ils ont profité d'un grand derby du genre PSG-Marseille où le moindre incident peut prendre des proportions énormes. C'était bien calculé, spectaculaire* (ironique)… *Il y avait 50 000 personnes au stade, c'était très suivi par les médias, donc, je pense que ça a été téléguidé pour montrer à tout le monde qu'il y avait un conflit. C'était la situation parfaite… C'est le fait de l'ensemble des dirigeants de la Yougoslavie, de tous les côtés ! Tous ceux qui ont participé ensuite à la décision de déclencher la guerre. Leur responsabilité est énorme. Je n'accuse ni Belgrade, ni personne en particulier. Ces incidents ont fait le jeu de tous ceux qui voulaient que ça finisse mal.* »

On croit déceler chez Hadzibegic cette même « naïveté », cette même cécité à l'époque de la montée des périls que confessait plus avant Predrag Pasic. Peut-être parce que Faruk, comme Predrag, est bosniaque, natif lui aussi de Sarajevo, anciennement ville arc-en-ciel… Faruk insiste : « *J'étais le capitaine de la sélection de Yougoslavie : ça se passait très bien. Même en 1990, 1991, 1992, il n'y a jamais eu de tensions. Jamais ! On n'a jamais eu le moindre problème nationaliste, politique ou religieux : rien ! Absolument rien ! Ni avec Boban ni avec le pro-serbe Mihajlovic : on était restés tranquilles, parce qu'on avait tous ces valeurs humaines, de la vie, de la famille. C'était une équipe complètement apolitique. Même aujourd'hui, entre anciens internationaux yougoslaves, on est encore en très bons termes.* » Politique de l'autruche ? C'est l'une des explications souvent avancées des succès de l'Étoile rouge de ce début des années 90. Ces « Brésiliens d'Europe » qui jouaient au « Marakana » de Belgrade formaient une équipe-mosaïque bâtie par l'ex joueur de génie Dragan Djazic, et coachée par Ljupko Petrovic. Elle mélangeait à la fois des talents serbes, d'abord (Stojanovic, Jugovic, Lukic, Marovic, Mihajlovic, arrivé en 1991), mais aussi des cracks macédoniens (Radinovic et Pancev), croate (Prosinecki), bosniaque (Sabanadzovic), monténégrin (Savicevic) ainsi que le Roumain Belodedici. Ce dernier témoignera sans réserve de la bonne entente au sein de l'Étoile, fondée sur l'amitié sincère… et sur les non-dits nationalistes: «*Entre nous, nous ne parlions jamais politique. Durant cette période, on ne cherchait pas à savoir qui était qui et où il était né. Nous étions tous copains et je ne me souviens pas avoir vu d'altercations entre joueurs pendant cette période. À chaque victoire, on sortait ensemble. Lors du 10e anniversaire de la victoire de la Ligue des champions 1991, nous nous sommes d'ailleurs tous retrouvés. Enfin presque, il ne manquait que Prosinecki.*» Mais Prosinečki, fervent nationaliste croate, reviendra néanmoins à Belgrade entraîner l'Étoile rouge (2010-2012)… Si les non-dits politiques font loi au quotidien, ils affleurent d'abord à la surface avant d'émerger sans ambiguïté. Ljupko Petrovic se souvient du 29 mai 1991, au soir de la victoire de la Ligue des champions à Bari contre Marseille (0-0, 5 tab à 3): «*Avant le match, je n'ai pas vraiment parlé tactique, je leur ai tout simplement dit:* "Ne vous jetez pas à l'attaque, soyez patients, mais surtout n'oubliez pas une chose: c'est votre unique chance de faire de l'Étoile rouge et du football serbe quelque chose d'immortel".» À Bari, donc, les joueurs serbes de l'équipe célèbreront leur victoire sur la pelouse du San Nicola de Bari en effectuant le signe «3» de la main, référence à la Trinité chrétienne et signe de ralliement des Serbes orthodoxes. Dans les tribunes, les supporters déploient le drapeau de la Serbie. Le chant *Srbija do Tokija* (*La Serbie jusqu'à Tokyo*) tient son origine de ces supporters de l'Étoile, après la victoire en Coupe intercontinentale contre les Chiliens du Colo-Colo (3-0), en décembre 1991, à Tokyo. Cet hymne sera adopté par la suite par des paramilitaires serbes pendant la guerre qui a éclaté à l'été 1991… Jusqu'à Bari, l'attaquant de l'Étoile rouge Vladan Lukic, qui prendra les armes en 1999 pour combattre dans les troupes de Milosevic, s'était tu lui aussi mais n'en pensait pas moins : « *Vous savez, à l'époque, l'unique étoile de notre nation, c'était l'Étoile rouge. L'Étoile rouge n'a pas attendu de gagner la C1 pour devenir l'expression d'une nation.* » Nationaliste croate revendiqué, le jeune Boban avait, lui, vécu le dilemme de jouer très tôt pour la sélection yougoslave, avec laquelle il avait été champion du monde des U-20, en 1987, au Chili : « *C'était super. Ces souvenirs resteront éternels. On était une vraie bande de potes et on avait des grands joueurs comme Prosinečki, Mijatovic, Savicevic, Suker... Par la suite, j'ai toujours défendu les couleurs de la Yougoslavie avec loyauté et respect pour ce maillot. Mais je ne pouvais pas porter la Yougoslavie dans mon cœur parce que je suis croate. Malgré ça, je donnais tout pour la sélection yougoslave parce que j'étais avec mes potes, mais pas parce que c'était la Yougoslavie... Nous autres, Croates, voulions être libres, avoir notre propre État.* »

L'épilogue de Dinamo Zagreb-Étoile rouge Belgrade s'écrira dans le sang. Dès octobre 1990, un millier de *Delije* ont déjà rejoint la sinistre milice des « Tigres d'Arkan », qui sévira de 1991 à 1995 en Croatie et en Bosnie. Poursuivi pour crimes contre l'humanité, en 1997, par le Tribunal pénal international pour l'ex Yougoslavie, Arkan ne sera jamais jugé : il mourra assassiné, en 2000, à Belgrade, dans des circonstances troubles. Dans le camp adverse, des *Bad Blue Boys* et autres supporters du Dinamo s'enrôleront dans l'armée et la police croates après l'indépendance de la Croatie votée par référendum, le 19 mai 1991. Trois jours plus tôt, le 16 mai, au Marakana, c'était le dernier match de la Yougoslavie avant éclatement. Une victoire 7-0 contre les Féroé qui la qualifiera pour l'Euro 1992, dont elle sera finalement exclue par l'UEFA pour cause de conflit déclaré. Une équipe de rêve, pas loin d'être la meilleure du monde à l'époque : sept Croates, deux Macédoniens et quatre Serbo-Monténégrins. À l'été 1991, les armes parleront. La guerre entre Serbes et Croates va durer jusqu'en 1995. Les guerres de Yougoslavie (1991-2001), les plus meurtrières en Europe depuis la fin de la Seconde Guerre mondiale, avec parfois des actes à caractère génocidaire, feront autour de 300 000 morts et un million de personnes déplacées. « *C'était une guerre entre parents, entre voisins, entre amis* », déplorera Sinisa Mihajlovic, ex-Étoile rouge et pote d'Arkan, déchiré entre un père serbe et une mère croate… Une folie pour l'idéaliste Faruk Hadzibegic : « *Imaginez qu'aujourd'hui quelqu'un annonce une guerre prochaine entre la Franche-Comté et l'Alsace. On lui dirait "t'es malade !"… La guerre est passée, mais dans l'ensemble, toutes les populations de l'ex Yougoslavie, ou du moins une très grande majorité, regrettent le conflit* (même les Croates comme Boban, Faruk ? Ndla)… *Le peuple yougoslave* (sic) *est un peuple européen, pacifique, intelligent, qui a gagné des Oscars, des prix Nobel, des titres sportifs de champions du monde et d'Europe. Pourquoi tous nos responsables politiques n'ont-ils pas opté pour une solution diplomatique comme en ex Tchécoslovaquie, où Tchèques et Slovaques se sont séparés pacifiquement ? Mais eux savaient que les populations ne voulaient pas se séparer, et aujourd'hui, on vit dans des conditions extrêmement difficiles. Dans toutes nos anciennes républiques, il n'y a que des perdants. Personne n'y a gagné. La communauté internationale, avec leur manière de décider ou plutôt de ne rien décider, ils ont participé indirectement au drame, ils ont une responsabilité énorme. On en veut à l'Europe, aux États-Unis. On parle de cette Europe qu'on essaye de construire depuis soixante ans et on permet une guerre au cœur de l'Europe ?!… Bien sûr qu'il y avait moyen d'intervenir avant que la guerre n'éclate ! Pour quelles raisons USA et Europe ont vendu des armes à toutes les parties ? Ne parlons pas d'un conflit en ex Yougoslavie, mais plutôt du bizness des armes. Ça peut expliquer tout… Cette guerre a fait peut-être 200 à 300 000 morts, sur ces morts, il y avait 10 000 personnes que je connaissais parfaitement bien…* » Aujourd'hui, Faruk suit de près la sélection bosniaque et croise de temps à autre les anciens de la Yougoslavie, souvent impliqués dans le foot de leur nouveau pays respectif : « *Suker est président de la fédé croate, Savicevic est à la tête de la fédé du Monténégro, Susic est en Bosnie. Prosinečki est retourné entraîner à l'Étoile rouge, et c'était très bien. Là, il est en Turquie… On reste sportifs, chacun veut gagner, mais avec le respect. Ça se passe très bien, dans la joie de se revoir et de reparler de tous nos souvenirs. Malheureusement, aujourd'hui, on est adversaires. Avant on était coéquipiers. On a tourné la page. C'est la vie…* » Aujourd'hui, le temps qui passe (« *la meilleure médecine pour arranger les choses* », selon Boban) et d'autres non-dits réparent quelque peu les drames du passé. À l'Olympique Lyonnais, le Croate Dejan Lovren (23 ans) cohabite pacifiquement avec le Serbe Milan Bisevac (29 ans). Les deux partenaires de la nouvelle génération n'évoquent jamais la guerre : « *On est avant tout des joueurs et on est comme une famille*, affirme Dejan. *Oui, un Serbe et un Croate peuvent jouer ensemble. Mais on ne parle jamais de ce qui est arrivé. On parle de football, du club, et de nos vies de famille. La guerre est maintenant loin. Mais je comprends les gens qui ont perdu leurs parents ou leurs proches. On était un beau et un grand pays. C'est arrivé. C'est la vie.* » Et la vie est un miracle, tente d'y croire malgré tout Emir Kusturica…

France - Algérie

4-1 (Match interrompu à la 76e minute)

6 octobre 2001
Stade de France (Saint-Denis - France)

Match amical

On avait pris des billets pas chers, les trois frères et la frangine, pour aller voir ce France-Algérie historique. Le premier depuis « l'Indépendance », avec les deux équipes A. La France, c'est les Bleus familiers, Liza, Manu, Fabien, Lolo et les autres. Champions du monde, d'Europe, des cœurs. L'Algérie, c'est une part de nous, un point fixe, lointain, irréductible. La boussole qui indique le sud mais qu'on ne consulte que de temps en temps, vu qu'on est « d'ici », maintenant. Depuis en fait que nos parents partis pour revenir il y a longtemps ont fait le choix de rester ici dans les années 80. Comme tant d'autres parents venus du bled. La France, l'Algérie. Et Zidane au milieu. Comme nous quatre. Zidane a 29 ans, mais il est comme nous aussi, qui approchons la quarantaine, de la « deuxième génération » : un Françalgérien… Partis tôt en voiture ce samedi soir à la nuit déjà tombée, on était parvenus à se garer loin du stade, à un gros quart d'heure à pied de l'enceinte. Et là, en sortant du véhicule... La *pressure* ! Comme il est dit dans les morceaux de reggae « à caractère social » : *pressure drop* (« le malaise »). L'atmosphère pèse, en dépit des démonstrations festives plutôt bon enfant, entre klaxons et slogans repris en chœur « *One, two, three ! Viva l'Algérie !* » L'événement libère à la fois une joie collective sincère mais porte en lui une électricité négative : il va se passer quelque chose... Assis tous les quatre dans la tribune haute d'un virage, on voit d'abord les Bleus se faire siffler à leur arrivée sur le terrain pour s'échauffer. L'équipe d'Algérie, elle, se fait ovationner. Ensuite Zidane, comme tous les autres Bleus, s'est fait siffler par une partie du public « algérien » lors de la présentation des joueurs. On est quand même dans le stade où la France Black-Blanc-Beur a été sacrée à peine trois ans plus tôt... À l'heure des hymnes, 80 000 spectateurs compactent le stade. *La Marseillaise* est conspuée comme jamais alors que *Kassaman*, l'hymne algérien, est repris tant bien que mal avec ferveur dans les tribunes où le blanc et le vert dominent nettement. Ouf ! C'est passé... C'est moche, mais si on en reste là, juste des sifflets, ça ira encore. Le match peut commencer après la photo souvenir des équipes Bleue et Blanche mélangées et souriantes...

La date du match France-Algérie, 6 octobre 2001, survient dans un double contexte politico-historique. On est d'abord dans l'immédiat après-11 Septembre. Est-il opportun, dès lors, dans ce climat brûlant de « terrorisme international », de maintenir ce France-Algérie ? À cette question, Marie-Georges Buffet, ministre de la Jeunesse et des Sports et cheville ouvrière de cet événement, répond par l'affirmative. Dès le lendemain, 12 septembre, elle tranche net et clair. C'est oui : « *Annuler ce match aurait été une insulte pour le peuple algérien, qui n'était pour rien dans les attentats de New York.* » Le match est définitivement lancé : on ne pourra plus reculer… Le souvenir lointain de la guerre d'Algérie affleure aussi inévitablement à l'occasion de ce match de la réconciliation. « *La guerre est finie* », avait conclu Gérard Ernault dans son éditorial enthousiaste « De Dunkerque à Tamanrasset » du *France Football* « Spécial foot algérien » du mardi 2 octobre. Mais d'autres sentiments plus inconscients sous-tendent l'événement. Celui d'une blessure profonde et ancienne : les massacres du 17 octobre 1961. Quarante ans pile… Une tragédie souvent tue et qui hante la mémoire des Algériens de France, toutes générations confondues. Peu de Françalgériens, sûrement, avaient directement à l'esprit au soir du match le souvenir de la tragédie de 1961. Mais chaque mois d'octobre insinue le mercure tenace de la date d'un massacre perpétré non loin de là, à Paris. Il va se passer quelque chose… Le match, classé à haut risque par la Fifa, a nécessité un dispositif de sécurité imposant qui renforce le plan Vigipirate : 1 200 fonctionnaires de police à l'extérieur du stade au lieu des 150 habituels et 1 200 stadiers au lieu des 800 habituels. On apprendra plus tard que, le 24 septembre, à deux semaines de l'événement, un rapport des RG révélé par *Le Parisien Dimanche* avait alerté le Premier ministre, Lionel Jospin : « *France-Algérie le 6 octobre : un match à haut risque ? Des risques du fait de l'insuffisance des places disponibles et de la présence de perturbateurs pro-palestiniens.* » Le document confidentiel évoquait l'éventualité de « *menaces réelles sur le match* » et la possibilité de banderoles hostiles à Zidane. Des milliers de drapeaux palestiniens auraient été vendus ces derniers jours à Barbès… Des jeunes de banlieue Nord ont averti certains médias qu'ils ne laisseraient pas l'équipe d'Algérie « se faire humilier », quitte à interrompre le match si le score devenait trop élevé pour l'Algérie. Lors de l'Euro 2000, une rumeur d'attentat du GIA avait déjà plané sur l'équipe de France… Flairant sans doute le mauvais coup, le président Jacques Chirac a fait impasse sur ce match et s'est donc absenté… Dans son conducteur de la soirée de ce samedi 6 octobre, la chaîne *TF1*, qui retransmet le match, avait prévu un envahissement de terrain à un quart d'heure de la fin… Même mauvais pressentiment pour Rachid Mekhloufi (voir Roumanie-FLN 1959, p. 91) : « *J'étais au SdF avec ma femme. J'ai eu une intuition et je lui ai dit :* “Si je vois un responsable, je vais lui dire de ne pas jouer les hymnes. C'est un risque”… »

Sur le terrain, les Bleus déroulent. Mais sous les sifflets, toujours, dès qu'ils touchent le ballon. « *C'était une rencontre à l'extérieur* », ironisera Thierry Henry. Les joueurs algériens, trop inférieurs, sont ovationnés. Un match correct, sans aucun mauvais esprit. Mais à sens unique : 3-1 à la mi-temps pour les locaux (buts de Candela, Petit et Henry contre un de Belmadi). En seconde période, Pirès corse l'addition, 4-1 à 54e. La correction pointe. L'humiliation aussi ? À la 76e minute, trois individus pénètrent sur la pelouse. Ils brandissent les couleurs de l'Algérie. Les stadiers n'ont pas bougé. Et c'est parti ! Des centaines de supporters algériens déferlent ensuite sur le terrain dans un joyeux bordel, au milieu des joueurs médusés. Le match est interrompu. Marie-George Buffet intervient au micro : « *Je suis Marie-George Buffet, je suis la ministre de la Jeunesse et des Sports, respectez ce match !* » En vain. Les joueurs ont regagné les vestiaires. On devine que la partie ne reprendra plus. Pour la première fois, un match des Bleus est stoppé net sur le sol français. Nous, on est rentrés à la maison. Voilà, c'est arrivé… L'envahissement de terrain est catastrophique. Mais pas méchant. Rien à voir avec une manifestation terroriste. Lors du tirage au sort de la Coupe du Monde 98, en décembre 1997, à Marseille, les petits rebeuhs marseillais avaient déjà perturbé l'événement, en pénétrant eux aussi sur la pelouse du Vélodrome. En langue kabyle, on appelle ça «*n'cheuff*»: la déconne, l'indiscipline, le chahut. C'est souvent idiot mais pas méchant. Sauf que le déroulement avorté du premier France-Algérie est d'une réelle gravité. L'ambassadeur d'Algérie en France, Mohamed Ghouali, réagit aussitôt en trouvant les mots justes: «*Ce match a été victime de sa propre densité passionnelle.*» Dans son livre *Histoire secrète des Bleus 1993-2002*, sorti en 2002, Karim Nedjari avait raconté la genèse de ce match symbolique voulu par le gouvernement de la gauche plurielle. Dans la foulée de la Coupe du Monde 1998, on avait lancé l'idée d'organiser à l'automne 1999 un Algérie-France au Stade du 5-Juillet, à Alger, dans le cadre d'un rapprochement avec l'Algérie du président Abdelaziz Bouteflika. Mais la rencontre fut relocalisée en France pour cause d'insécurité terroriste en Algérie. Pris dans l'euphorie fraternelle Black-Blanc-Beur de France 98 et de l'Euro 2000, le gouvernement Jospin s'était sans doute laissé griser par la perspective de réconciliation qu'un match de football pourrait accomplir, comme par enchantement. Karim Nedjari avait pointé la «*gaucherie*» du gouvernement de gauche, ébloui aussi par le charisme hyper consensuel de Zinedine Zidane: «*Les décideurs politiques ont voulu inventer une légende en s'inspirant d'un mythe vivant. Grâce à Zidane, le Franco-Algérien, et à ses coéquipiers adulés par le peuple de France, une page brûlante de notre histoire contemporaine pouvait enfin se tourner. Exit la décolonisation ratée, la déchirure de l'indépendance, la sale guerre, les souffrances des Algériens torturés, celles des appelés du contingent, des rapatriés humiliés, des harkis méprisés… La France n'a jamais osé regarder ce passé, alors organisons la soirée du Grand Pardon dans le stade des champions du monde. Et que 80 000 personnes soufflent en chœur sur des braises encore rougies.*» L'erreur d'accommoder les Bleus à toutes les sauces… Ou comment les démocraties peuvent aussi se brûler les doigts à vouloir instrumentaliser le football, fût-ce pour des mobiles nobles. Franck Lebœuf dénoncera la récupération politique : « *On a mis nos vies en danger. On s'est servi des Bleus à des fins politiques. Si on avait écouté les joueurs en interne, ce match aurait été reporté à une date ultérieure compte tenu du contexte.* » La désillusion de l'après-France 98 vient de sonner : les Bleus ne peuvent être vecteurs de solutions expresses à tous les problèmes récurrents de la société française. À commencer par celui de l'intégration difficile des immigrés des seconde et troisième générations. Et ce, même avec « Zizou » en grand frère rassembleur de la République. Car c'est bien le débat principal de l'intégration de ces jeunes qui va jaillir des incidents du 6 octobre. Même si, à six mois des présidentielles d'avril 2002, on a d'abord droit aux réactions politiciennes attendues. Bruno Mégret, candidat déclaré aux présidentielles, interprète à sa façon l'incident du Stade de France : « *Il est la preuve que l'immigration est un danger majeur car elle véhicule l'Islam et l'islamisme. Le danger n'est pas à notre porte, il est dans notre maison.* » Alain Madelin ironise donc sur les ratés de l'intégration : « *Le jour où l'on apprendra* La Marseillaise *aux footballeurs de l'équipe de France qui gagnent des milliards, nous tiendrons le bon bout.* » Philippe de Villiers se fait plus virulent : « *Ces événements lamentables sont le signe de l'échec total de la soi-disant politique d'intégration menée dans nos banlieues.* » Une semaine après le match, un sondage Ipsos tombe : « *56 % des Français jugent les incidents graves car ils témoignent des difficultés d'intégration d'une partie de la population française d'origine musulmane…* » Jean-Pierre Chevènement (« *Ces jeunes desservent leur cause. C'est une crise de la citoyenneté, c'est une crise de la France* ») ou le journaliste du *Figaro* Yves Thréard (« *Ils ne sont pas algériens. La plupart ont grandi aux bords de la Seine. Ils sont la preuve que la France a un problème avec une partie d'elle-même* ») pointeront, eux, avec justesse le fameux malaise identitaire.

Très révélateur, ce malaise identitaire installe à son tour le malaise dans la langue courante. Comment définir en fait ces « Françalgériens » ? Le vocable bégaye. « Beurs », « rebeuhs », « musulmans », « Franco-Algériens », « Français d'origine algérienne » ? Si le terme « Nord-Africain » des années 70 est devenu obsolète, on parle parfois néanmoins des « Français musulmans », comme du temps de l'Algérie française… Peu importe. Comme le constatait Rachid Mekhloufi, « *les jeunes qui étaient sur le terrain, dans les tribunes, c'étaient les enfants de la France. Ce ne sont pas nos enfants* ». Sous-entendu, ces « jeunes » n'étaient pas les enfants de l'Algérie. Et en Algérie, justement, le match a aussi fait des dégâts… Yazid Ouahib, 59 ans aujourd'hui, responsable du Service des sports et actionnaire du quotidien *El Watan*, était lui aussi au Stade de France : « *C'était une très belle initiative. Un match avec la France championne du monde et d'Europe, et avec en plus "Monsieur Zidane", adulé en Algérie. Entre l'Algérie et la France, c'est toujours très particulier, que ça soit dans la joie ou la douleur, du fait de l'Histoire et des relations souvent tumultueuses qui ont existé entre les deux pays. Ce match nous a laissé un goût d'inachevé parce qu'il n'est pas allé à son terme. Le comportement d'une partie du public au stade a encore accentué le malaise : des jeunes ont sifflé* La Marseillaise *et sont allés sur la pelouse, ce qui est mal. Et ça a donné lieu à beaucoup de commentaires un peu malveillants : là-dessus, la presse française en général a manqué de discernement… Le match France-Algérie s'est ensuite poursuivi sur le mauvais terrain de la politique. Les politiciens ont sauté dessus, notamment le parti d'extrême-droite en France. Et quand la politique s'en mêle, ça devient nauséabond. Le match de Paris aurait pu être une occasion pour faire avancer les rapports entre nos deux pays, malheureusement ça n'a pas été le cas parce qu'ensuite les politiques des deux rives de la Méditerranée n'ont pas eu l'intelligence de faire fructifier ce qui peut l'être entre les deux peuples. À l'origine, ce France-Algérie devait rassembler, unir, et en fin de compte, il a divisé. Le fossé s'est creusé encore davantage. L'opinion algérienne était partagée. Certains étaient contents et voulaient d'abord garder la belle image des Français et des Algériens fraternisant sur le terrain. Mais pour une autre partie de l'opinion, c'était différent. Car ici, en Algérie, tout est politisé ! Le fait de lire et d'entendre tout ce qui s'est dit dans les médias français a mis en rogne beaucoup d'Algériens. Ils sont sortis du match pour ne se concentrer que sur les rapports tendus entre France et Algérie. L'opinion était donc divisée et ici, beaucoup de mes compatriotes se sont accrochés à cet aspect extérieur du football pour ne parler que des incidents et des avis négatifs des Français. Pour ceux-là, les Français n'avaient donc pas trop changé d'avis sur les Algériens : toujours ce même "esprit du colonisateur !"... Pendant des jours et des jours, la presse a joué un mauvais rôle, ici et ailleurs : des gens ont donc fait le procès de la France à travers ce match inachevé...* »

Des observateurs politiques estimeront que Lionel Jospin fut l'une des victimes collatérales du désastreux France-Algérie 2001. Pour cause d'angélisme trop prononcé sur l'insécurité et l'immigration, entrées par amalgame en résonance avec la soirée du 6 octobre, il aurait été fatalement doublé par Jean-Marie Le Pen au premier tour de l'élection présidentielle du 21 avril 2002... C'est en partie l'avis du sociologue Stéphane Beaud, auteur, en 2011, en collaboration avec Philippe Guimard, d'un livre sur les Bleus d'hier et d'aujourd'hui, *Traîtres à la nation ?* (Éditions La Découverte) : « *Je pense que ça a contribué à ancrer dans la tête des gens cette idée fondamentale : "ils sont inassimilables". Donc, ce qui reste dans les esprits, c'est que même s'ils sont une minorité à mal se comporter, il y a un effet d'amalgame extrêmement puissant qui fait que tous les enfants d'immigrés, d'Algérie notamment, vont être assimilés à ces envahisseurs de stade. Alors que la plupart d'entre eux veulent vivre tranquillement en France. Et que ça fait maintenant depuis cinquante ans qu'ils sont là... Ce match raté a contribué à alimenter une peur sociale. Ces jeunes symbolisent une nouvelle classe dangereuse : "il faut s'en méfier, il faut les mater !"* » Autre victime collatérale,

Lilian Thuram, conscience politisée des Bleus, qui exprime sa colère deux jours après le match dans *L'Équipe*. Dans une rage folle, il avait sèchement alpagué un jeune Noir chahuteur sur la pelouse du Stade de France : «*Je lui ai pris le bras et je lui ai dit :* "Est-ce que tu te rends compte de ce que tu fais ?" *Il m'a regardé et il m'a dit simplement :* "Désolé." *Et dire que maintenant, il va falloir se battre à nouveau pour dénoncer les amalgames et expliquer que tous les Noirs et les Arabes ne sont pas des semeurs de pagaille.* » En janvier 2008, *So Foot* organisera une rencontre à Barcelone avec Thuram et Mamadou Ndiaye, le jeune de 17 ans en octobre 2001 qu'il avait sermonné au Stade de France. Encore bougon après tout ce temps, Lilian avait intimidé Mamadou, qui avait fait profil bas, «*j'ai fait une bêtise*». La conversation qui suivit tourna parfois au dialogue de sourds : elle était en fait très révélatrice du malaise identitaire ancré chez beaucoup de jeunes «issus de l'immigration». Mamadou confessa qu'au match, il avait été pour l'Algérie : «*Je sais que je suis français, mais je ne suis pas un Français normal. Un Français normal, c'est un Blanc. Moi quand on me demande, je dis toujours que je suis français d'origine sénégalaise. Je ne dirai jamais que je suis simplement français.* » Ce qui désola Lilian Thuram : «*Mais si tu ne te considères pas comme français, tu ne pourras pas faire avancer les choses. Tu t'en rends compte ou pas ?*» Pas trop, vu que depuis Mamadou a quitté la France. Il vit aujourd'hui au Canada, où il est ingénieur agronome à Toronto...

Il y eut ensuite deux autres matchs «problématiques» de l'équipe de France au Stade de France. Le France Tunisie (3-1) du 14 octobre 2008, où *La Marseillaise* chantée par Lââm fut couverte par une bronca assourdissante qui s'abattra également tout au long du match sur le «Franco-Tunisien» Hatem Ben Arfa. Mais avant, il y eut le France-Maroc du 17 novembre 2007 : un stade rouge à majorité marocaine et une *Marseillaise* conspuée à nouveau.

Le « trouble identitaire » reposant autrefois sur la délicate double allégeance à deux pays s'était désormais renforcé du paramètre religieux : qui est musulman, qui ne l'est pas ? Anelka et Ben Arfa furent ovationnés. Anelka, musulman et rebelle, s'était marié au Maroc. Benzema et Nasri ont été conspués, le premier se faisant même traiter de harki par des spectateurs. Benzema affirmera, en 2008, que son « *cœur est algérien* »... Ribéry, musulman marié à une Algérienne, a été épargné par le public. En tout, un hiatus inextricable qui n'a pas échappé à Abdeslam Ouaddou, joueur marocain de Valenciennes et adversaire des Bleus au Stade de France : « *C'est la confusion totale. Certains jeunes se sentent perdus : en France, ils se sentent marocains, et au Maroc, on leur dit qu'il sont français. Ils sont le cul entre deux chaises et ça se traduit par des sifflets.* » Étrangement, les médias français feront le black-out sur les incidents de ce France-Maroc. Depuis les émeutes de l'automne 2005, il est des sujets dits « sensibles » (comme les quartiers du même nom) qu'il vaut mieux passer sous silence... Razzy Hammadi, responsable en 2008 du Mouvement des jeunes socialistes (MJS), avait commenté pour *So Foot* les « scories » de France-Maroc : « *Pourquoi de nombreux jeunes issus de l'immigration présents aujourd'hui sur le territoire français, dès leur naissance pour la grande majorité, en viennent-ils à se sentir moins français que leurs parents ? Nous avons une France qui s'américanise et qui donc se communautarise [...] On doit combattre cette idée que la religion est un aspect distinctif des citoyens : ceux qu'on peut siffler ou pas, parce que ce sont des bons musulmans ou non, ce n'est pas acceptable. C'est annonciateur d'une société qui va mal et à terme une société où on ne vit pas ensemble, mais les uns à côté des autres* ».

Un nouveau match entre la France et l'Algérie est difficilement imaginable aujourd'hui. Le raté du 6 octobre 2001 s'inscrit, entre autres, au cœur de la double problématique de l'identité et de l'intégration des «jeunes issus de l'immigration» des deuxième et troisième générations. Un questionnement sur un «devenir en France» difficile qui remonte à la Marche des beurs pour l'égalité (1983). «*Cette jeunesse, c'est le problème de tout ce qu'on a raté depuis trente ans: on a laissé les classes populaires à l'abandon. Il y avait avant un accompagnement des classes populaires par la gauche en général. Tout ça s'est délité depuis vingt ans et les enfants d'immigrés en paient le prix au carré, si on peut dire…*», constate Stéphane Beaud, qui tempère aussitôt «… *Mais l'intégration continue, oui! C'est un processus inéluctable. Seulement, il prend des formes contradictoires*». Rien n'est simple… La veille du France-Algérie du 6 octobre 2001, dans un article involontairement annonciateur de «l'affaire des quotas», *France Football* avait présenté les Bleuets tout nouveaux champions du monde des moins de 17 ans. Parmi eux, la plupart des binationaux changeront par la suite de sélection. Mourad Meghni et Hassan Yebda: ils ont opté pour l'équipe d'Algérie en 2009. Chaouki Ben Saada a rejoint la sélection tunisienne en 2005. Michaël Fabre (de père algérien) a été appelé en sélection algérienne en 2011. Émerse Faé a rejoint les Éléphants de Côte d'Ivoire en 2005 et Jacques Faty les Lions (sénégalais) de la Téranga en 2009… Beaucoup des jeunes Français «d'origine quelque chose» qui ont conspué *La Marseillaise* au Stade de France en 2001, 2007 ou 2008 ont également fêté le parcours des Bleus lors du Mondial 2006, tout comme ils s'emballeraient sans doute si la France brillait au Mondial 2014. Jamel Debbouze, Kad Merad ou Omar Sy figurent parmi les personnalités préférées des Français. Mais les Khaled Kelkal (jeune terroriste du GIA abattu en 1995 par l'EPIGN) et les Mohamed Merah existent aussi… Le 26 octobre 2001, le journaliste Philippe Bernard avait ainsi formulé dans *Le Monde* le malaise identitaire des jeunes Franco-Algériens: «*France-Algérie, c'était le match qui opposait le pays de leurs parents au leur. Un dilemme impossible à arbitrer dont effectivement personne ne peut sortir vainqueur.* » Ce match-là continue. Être françalgérien, c'est vivre un derby intérieur permanent.

RDA - RFA
1-0

22 juin 1974
Volksparkstadion de Hambourg (Allemagne)

Premier tour de la Coupe du Monde 1974

« *Sparwasser…* » Au bout du fil, les trois syllabes germaniquement prononcées rejaillissent à l'instant de la mémoire de Daniel Cohn-Bendit. Le petit silence qu'il laisse planer ensuite le replonge l'espace d'une seconde vers un passé très lointain. Mais Dany n'a pas le temps ! On le joindra plus tard : « *RDA-RFA… Je me rappelle que c'était une situation très drôle, cette victoire de la RDA. Les gens de RFA ont été complètement choqués. À cette époque, j'étais à Francfort. Pas Francfort sur l'Oder, à l'Est, hein ! Francfort sur le Main… Je me souviens qu'après le match, pour plaisanter, je me suis baladé dans les rues de mon quartier en gueulant* « Sparwasser ! Sparwasser ! » *Les gens, ici, ça les faisait pas rire du tout… Côté Ouest, personne ne croyait que la RDA allait battre la RFA* ». Surtout pas le *Bild* qui avait titré à sa une le matin du match : « *Pourquoi nous allons gagner aujourd'hui* »… Dany-le-Rouge poursuit : « *La tension n'était pas vraiment sur le terrain. C'était plutôt le contexte politique autour. Il faut se rappeler que la Coupe du Monde, c'était un grand événement en Allemagne. Les gens étaient tendus :* « On ne va jamais la gagner*», se lamentaient-ils. Aujourd'hui, rétrospectivement, en Allemagne, on prend ça avec plus de légèreté vu qu'ensuite la RFA a injustement* (sic) *gagné cette Coupe du monde contre les Pays-Bas* »... En soi, le résultat n'était pas catastrophique pour l'Allemagne « Occidentale » puisqu'avant de jouer, les deux frères ennemis s'étaient déjà qualifiés pour le tour suivant en éliminant le Chili et l'Australie. Jusqu'aujourd'hui, des rumeurs tenaces avancent que la RFA a volontairement perdu la rencontre pour ne pas se retrouver dans la poule des quarts avec l'Argentine, le Brésil et surtout les Pays-Bas de Johan Cruyff... Daniel Cohn-Bendit balaye le *hoax* (*« Je n'y crois pas : le prestige de ce match était tellement grand. La RFA se devait vraiment de gagner*»), corroboré par l'un des acteurs présents sur la pelouse de Hambourg, Jürgen Grabowski : « *Certains ont parlé de match arrangé. C'est vraiment ne rien connaître au football. Nous voulions cette victoire. Nous avons été humiliés. Et c'est cet affront qui, peut-être, nous a permis de mieux nous serrer les coudes jusqu'à la victoire finale.* » Pour Gerd Müller, la Mannschaft y a trouvé son compte : « *Contre la RDA, cela avait été une humiliation à l'époque. Le réveil a été brutal ! Un vent de panique soufflait sur le camp d'entraînement après cette défaite. Rétrospectivement, cependant, ce revers a plutôt fait nos affaires. En gagnant, nous nous serions retrouvés dans l'autre groupe, avec les Pays-Bas et le Brésil.* » La RFA se coltinera quand même ensuite une poule pas facile, avec la Yougoslavie, la Suède ainsi que la redoutable Pologne (« *La meilleure équipe du tournoi, plus forte que nous* », dixit Paul Breitner). L'immense Günter Netzer fera les frais de la débâcle de Hambourg en laissant sa place au foudroyant Wolfgang Overath, acteur déterminant de la suite magistrale jusqu'au triomphe du 7 juillet à Munich. La défaite de la RFA s'inscrivait dans un contexte terroriste encore prégnant, plaidera Beckenbauer : « *En 1974, nous étions soumis pour la première fois à une forte pression. Je veux parler ici de la sécurité. Le monde du sport n'était plus le même en 1974. L'attentat aux JO de Munich, en 1972, avait totalement changé la donne. À partir de cette date, les joueurs n'ont plus jamais bénéficié de la même liberté. C'était un facteur de stress non négligeable.* » Au soir du match contre la RDA, vingt tireurs d'élite avaient pris position à des endroits stratégiques du Volksparkstadion…

Depuis que la main innocente du petit Lange Detlef, gamin de Berlin-Ouest (!), avait gratté les deux Allemagnes au tirage, le calendrier de la Guerre Froide avait réservé la soirée du 22 juin, 19 heures 30. À Hambourg, autrefois « Hambourg la Rouge »… Comme un retour aux sources prolétariennes pour la RDA ? « *In Hamburg fiel der erste Schuss* » (« *C'est à Hambourg que furent tirés les premiers coups de fusil* »), refrain d'une chanson classique du mouvement révolutionnaire ouvrier allemand des années 20. C'est d'ailleurs à Quick Pond, à une vingtaine de kilomètres de Hambourg, qu'est établi le camp de base des *Ossies*… À Hambourg, tout était donc propice en juin 74 à la victoire politico-idéologique est-allemande que l'autre frère, ennemi depuis 1945, convoitait également ? Point de fixation permanent du clash Est-Ouest, comme les deux moitiés de Berlin, la dualité RDA-RFA empruntait bizarrement jusqu'aux mascottes officielles de cette Coupe du Monde 1974 : Tip et Tap, deux petits footeux dissemblables (un petit brun et un grand blond), mais tellement proches… La « Fédérale », accouchée la première en 1949 par les Alliés qui occupaient la Zone Ouest (France, Grande-Bretagne, USA). Et la « Démocratique » (avec le « D » de l'arnaque totalitaire R-D-A) étant vouée par l'URSS à devenir la vitrine des Démocraties Populaires. En 1974, les deux Allemagnes se tiraient donc la bourre depuis vingt-cinq ans. L'enjeu progressif : la RFA, d'abord, puis la RDA, visaient chacune la suprématie absolue, politique et idéologique. Tous les coups fourrés étaient permis ! Blocus de Berlin (1949, le pont aérien US) et Crise de Berlin (1961, le Mur, JFK : « *Ich bin ein Berlingot* ») dans la face de la RFA, contre doctrine Hallstein dans les dents de la RDA : la prospère Fédérale menaçait de sanctions économiques tous les pays enclins à établir des relations diplomatiques avec la Démocratique. On se calme dès 1969 avec l'*Ostpolitik* de Willy Brandt, Chancelier de l'Ouest qui reconnait officiellement la RDA. Puis vient la signature du Traité Fondamental (1972) qui prend officiellement acte de l'intangibilité des frontières et qui proclame le renoncement mutuel à la violence. On met donc les pouces sur un constat partagé, « *deux États, une nation* ». Sauf que la lutte continue sur le terrain du sport, devenu surtout à l'Est un enjeu idéologique crucial, comme attesté aux JO 1972 de Munich : chez « l'ennemi » surclassé, la RDA avait fini troisième au classement des médailles derrière le Big Two (URSS, USA). Le très riant Walter Ulbricht, *lider maximo* de RDA, se la jouait : « *La présence des sportifs de la RDA sur les podiums des vainqueurs, c'est la meilleure réponse possible aux revanchards de Bonn.* » À cette époque, on se méfie bien un peu des nageuses en or est-allemandes, gaulées comme des camionneurs. Mais, l'Allemagne a toujours été une grande nation de sport, n'est-ce pas ? On saura plus tard que le système sportif ultra performant de la RDA tenait beaucoup à une pratique éducative précoce et intense ainsi qu'à la fameuse « préparation scientifique » prodiguée par les sinistres instituts d'État… Reste qu'en foot, la RDA ne peut s'aligner, malgré les deux médailles de bronze aux JO 1964 (« Équipe Unifiée d'Allemagne », mêlant des joueurs des deux pays !) et ceux de 1972, ainsi que la première qualif pour un Mondial, en 74, chez le voisin. Les succès de la Nationalmannschaft puis des clubs ouest-allemands dans le sport le plus populaire au monde en imposent au point d'avoir toujours irrité les caciques est-allemands. La victoire en Coupe du Monde 1954 de la RFA sur la Hongrie en Suisse (3-2) avait provoqué des manifestations de joie dans certaines villes d'Allemagne de l'Est. Le « Miracle de Berne » couplé au « miracle économique » avaient assuré dès l'après-guerre une reconnaissance internationale de la RFA : « l'Allemagne », la vraie, c'était elle. La régularité au sommet de la Mannschaft (vainqueur au Mondial 1954, 4e en 1958, finaliste en 1966, 3e en 1970 et vainqueur de l'Euro 1972) avait accentué cette position dominante de la Fédérale. Et puis, en RDA, pas mal de « mauvais citoyens » soutenaient secrètement des clubs de l'Ouest, allemands ou autres…

Au matin du 22 juin 74, l'ambiance au sein de la Mannschaft est exécrable, comme le confessera Kaiser Franz : « *Notre équipe ne s'était pas préparée de la meilleure manière qui soit pour la compétition. Il y avait beaucoup de querelles internes, mais nous les avons gardées pour nous. Le match contre la RDA a fait l'objet de nombreuses discussions orageuses, surtout à propos des primes. Il s'est passé pas mal de choses désagréables que je n'avais jamais vues lors des deux phases finales précédentes.* » Georg Buschner, 48 ans et coach de la RDA depuis seize années, sait tout des zizanies de ses adversaires. Entre autres, que le clan des Bavarois (Beckenbauer, Müller, Breitner, Maier, Hoeness) et celui de Mönchengladbach (Vogts, Heynckes, Bonhof, Wimmer et Netzer) cohabitent plus mal que lors de l'Euro 72 victorieux. Ce titre prestigieux nourrit grandement une certaine suffisance, augmentée par la victoire du Bayern en mai 74 et par le statut XXL de joueurs exceptionnels comme Franz « Kaiser » Beckenbauer (Ballon d'Or 1972) et Gerd « Bomber » Müller (Ballon d'Or 1970). Or, le football de RDA a fait des progrès… Outre sa médaille de bronze aux JO de Munich, son championnat était bien structuré, les clubs bénéficiant du soutien des grandes entreprises, comme le Carl Zeiss Iéna par exemple. Les équipes *ossies* pointaient le bout du nez dans les coupes d'Europe. Au 2ᵉ tour de C1 73-74, le Bayern avait peiné pour sortir le Dynamo Dresde, 4-3 et 3-3 au retour ! Le FC Magdebourg, qui avait gagné la Coupe des vainqueurs de coupes en mai 1974, fournissait quatre de ses joueurs à la sélection DDR au Mondial, dont Sparwasser… Comme ses joueurs, Georg Buschner suit de près la Bundesliga à la télé et il lit *Kicker*. C'est aussi un bosseur acharné : il a préparé une fiche-photo détaillée de chaque adversaire direct de chacun de ses gars. Vitesse et endurance sont les atouts classiques du jeu sans génie de la RDA, résumé par l'austère Georg : « *Nous sommes d'une valeur très moyenne (…). Ce n'est pas en "jouant" que nous réussirons de bonnes performances, mais en luttant avec notre énergie.* » D'où les six heures d'entraînement quotidien qu'il impose à ses forçats. La fameuse endurance légendaire des tristes footballeurs est-allemands, programmés pour des matchs de deux heures... En 1978, le premier bassiste enrôlé par Madness s'était sauvé en courant : « *Ces gars-là répétaient sans arrêt, comme des malades. J'avais l'impression de me retrouver dans un club de foot de RDA !* » Contre la RFA, la tactique de Buschner est simple : contenir l'adversaire le plus longtemps possible pendant la première demi-heure, respecter un marquage individuel façon Stasi et tenter quelques raids en fin de rencontre (Sparwasser marquera à la 77ᵉ)… Le contexte général du match, disputé devant 60 000 spectateurs, est un condensé des tensions et des non-dits très révélateurs du glacis idéologique qui sépare les deux pays. Helmut Schmidt, nouveau chancelier SPD, est dans la tribune. Aucun dignitaire de RDA, sauf le président de la fédé. Les deux hymnes sont joués *moderato*, presqu'à voix basse. Peu d'échanges, peu de paroles entre les joueurs.

C'est qu'à l'Est, une quelconque fraternisation, qui profiterait à la politique de réunification de l'Ouest, est une hantise. Pour éviter tout contact avec l'ennemi de classe, la clique d'Ulbricht avait même songé à installer l'équipe de RDA à Berlin-Est ! Mais la FIFA impose qu'il faille résider sur le territoire du pays organisateur. L'équipe *Ossie* attendit donc le dernier moment pour se rendre en RFA : juste deux jours avant le premier match du Mondial contre l'Australie (2-0). À Hambourg, seuls 1500 supporters est-allemands ont été autorisés à soutenir l'équipe au maillot bleu frappé DDR… « *C'était très curieux. Nous parlions la même langue, eux savaient beaucoup de choses sur nous et nous pratiquement rien sur eux. Je pense qu'ici et là régnait une certaine gêne* », se souvenait Grabowski. Pareil embarras présidait aux rencontres entre clubs des deux pays quand ils s'affrontaient lors des Coupes d'Europe, les joueurs se regardaient à peine... Au coup d'envoi, les cheveux longs et l'attitude relâchée de la Mannschaft contrastent avec les coupes de cheveux sans fantaisie et la dégaine domptée propres à RDA-la-grise. Le raide Bernd Bransch est capitaine au sens très « hiérarchique » du terme. Et que dire de leur horrible mascotte (un chien ? Un lion ?) en longs poils de peluche et des pauvres survêts délavés en toile d'ersatz… Une première mi-temps bof, avec une RDA qui plie sans rompre. Müller frappe sur le poteau et Hans-Jürgen Kreische tire juste un peu au-dessus... À la mi-temps, Buschner se frotte les mains, se rappelle le défenseur Lothar Kurbjuweit : « *Il nous a clairement expliqué que nous étions en train d'écrire l'histoire.* » Il faut museler Breitner, empêcher ses montées ravageuses ? Erich Hamann s'en chargera. Il est même à l'origine du seul but du match en relançant vers Sparwasser, l'autre N°14 du tournoi, qui échappe à Vogts, Schwartzenbeck et Beckenbauer et s'en va fusiller Maier (77e). Les 1500 supporters est-allemands exultent. La joie collective inouïe des joueurs qui s'ensuit apparaît comme une « déviance » inattendue (ils se roulent par terre !). Elle est donc aussi la preuve qu'ils sont « humains après tout » ! Oui, les gens de l'Est ont aussi une âme, comme le plaidera Sting au plus fort de la Guerre Froide (« *I hope the Russians love their children too* », *Russians*-1986). Fin du match. Dans le tunnel vers les vestiaires, peu de poignée de mains, à peine quelques mots. L'encadrement est-allemand a été très clair : pas de fraternisation, aucune accolade, pas d'échange de maillots, à la grande déception des joueurs DDR… Mais Berti Vogts fait fi de l'interdiction : il ramasse les maillots blancs dans une corbeille et s'en va alors lui-même les porter au vestiaire adverse.

Comme beaucoup, Daniel Cohn-Bendit n'a pas gardé un souvenir impérissable de la rencontre : « *Je n'avais pas de sympathie particulière pour l'une ou l'autre équipe. J'avais vu le match à la télé, ce n'était pas passionnant. On voyait bien que la RFA n'arrivait pas du tout à marquer, jusqu'à ce que Sparwasser fasse la décision vers la fin. Je n'ai pas vraiment été étonné par la victoire est-allemande. C'était un match de coupe, comme quand le petit Poucet parvient à vaincre parce qu'il a la gnac et rien à perdre. Évidemment, en RDA, cette victoire a été instrumentalisée de manière lourde. De la même façon que les autorités est-allemandes exploitaient les nombreuses médailles aux Jeux olympiques : le système débile a fait un peu passer cette victoire comme celle du Communisme sur le Capitalisme. Pour moi, la RDA était bien ce système totalitaire, antidémocratique…* » Une ligne idéologique dure que modère pourtant Georg Buschner après la victoire : « *Wir haben ein wichtiges Spiel gewonnen, mehr nicht* » (« *Nous avons gagné un match important, sans plus.* »). En fait, Buschner a l'ambivalence écartelée de certains protagonistes du film *La vie des autres*… Derrière le volontarisme loyal et fidèle au régime qu'il affiche en tant que sélectionneur, l'homme gamberge, comme il le confessera à l'occasion de son 80e anniversaire. Pas vraiment partisan du régime socialiste, il dira avoir toujours regretté le manque de soutien de la population à son équipe, « *parce que l'État utilisait les succès sportifs de l'équipe. Nous devions souligner le rôle des représentants de la RDA et nous savions très bien qu'en faisant cela, le soutien de la population baissait* ». Après une défaite face à la Pologne (2-3) en 1981, Buschner apprendra son limogeage à la télévision ouest-allemande…

Autre destin typique du système « soviétisant », celui de Sparwasser, héros vite oublié après la Coupe du monde. Sans doute idéologiquement rétif à la starisation, le foot est-allemand n'attribua pas le titre de footballeur de l'année au buteur historique du 22 juin. En 1988, Sparwasser passera à l'Ouest… Après le match de Hambourg, *The Observer* titrera « *Victoire politique de la RDA* ». Plus terre à terre, la presse ouest-allemande démolit la Nationalmannschaft. Helmut Schön, son coach, accuse salement le coup, étant originaire de Dresde. En RDA, si on « instrumentalise » la victoire, comme le souligne Dany-le-Rouge, les médias affichent néanmoins un triomphe modeste : « *La compétition n'était pas terminée. Nos dirigeants attendaient la suite. Rien à voir avec la victoire que nous avons obtenue aux JO de Montréal, deux ans plus tard* », corrigera Kurbjuweit. Les autorités est-allemandes avaient bien vu : au tour suivant, la RDA prendra deux taules contre le Brésil (0-1) et la Hollande (0-2), fera nul face à l'Argentine (1-1) et sortira sans gloire du tournoi. Au retour au pays, chaque joueur touchera une modeste somme en devises à faire valoir dans un magasin d'État. Sparwasser achètera une bicyclette à sa fille… Le Mondial 1974 sera l'unique participation de la RDA à un tournoi majeur. Détail historique oublié : à la fin de l'année 1974, la Supercoupe d'Europe entre le vainqueur de la C1 (le Bayern Munich) et le vainqueur de la C2 (FC Magdebourg) ne fut pas disputée : les autorités de Berlin-Est s'y étaient opposées pour « motifs politiques »… Le 21 novembre 2010 sonne le *Good bye Lénine* définitif avec une rencontre amicale entre anciennes gloires *Ossies* et *Wessies*. La RDA l'emporte encore à Leipzig (2-1), comme elle l'avait aussi emporté aux Puces de Saint-Ouen tout au long des années 90 en écoulant ses stocks de maillots et survêts siglés DDR au plus fort de la « hype post-soviétique » en Occident !

Protagoniste du RDA-RFA 74, Paul Breitner apportera un éclairage rétrospectif assez désacralisant sur le prétendu climat politico-historique de la rencontre : « *Cette défaite contre la RDA n'a pas été vécue comme un affront, en ce qui nous concerne, en tout cas. C'est regrettable, comme toutes les défaites, mais cela ne signifiait rien de particulier pour nous, en tant que footballeurs. Les joueurs ne s'intéressent pas trop à la politique et, pour nous, la RDA était un pays comme un autre, surtout pour ceux d'entre nous qui ne connaissaient personne à l'Est. Quand on me parlait de nos « frères et sœurs de l'autre côté du mur », en tant que Bavarois, cela ne m'évoquait rien du tout. D'autant plus que, pour nous, au lycée, l'histoire s'arrêtait en 1918. On ne tenait pas vraiment à parler de ce qui s'était passé ensuite. Pour moi, nos frères et nos sœurs, c'était plutôt les Suisses ou les Autrichiens. Je me sentais proche d'eux. Mais les Allemands de l'Est... J'en ai peut-être rencontré quelques-uns quand nous avons joué en RDA avec le Bayern, mais c'était la même chose que si nous étions à Moscou, à Kiev, à Prague, à Budapest ou n'importe où ailleurs en Europe de l'Est, que ce soit en sélection ou en Coupe d'Europe. Je sais que les politiciens et le grand public ont vu un symbole dans ce match, mais cela nous a complètement échappé.* » Dietrich Schulze-Marmeling (voir Allemagne-Grèce 2012, p. 85) rejoint l'opinion de Paul Breitner : « *J'avais 17 ans à l'époque. J'étais plutôt à gauche, mais je n'étais pas pour autant un grand fan de la RDA, dont je n'aimais pas le concept d'État autoritaire. J'ai grandi avec ces deux Allemagnes, pour moi, c'était naturel, je n'ai jamais pensé qu'il y aurait une réunification entre ces deux pays. De plus, dans ma famille, il n'y avait personne à l'Est, donc je n'avais rien d' « authentique » concernant la RDA. Du coup, je ne savais vraiment pas ce qui se passait là-bas. La RDA ne m'a jamais intéressé. J'ai vécu deux ans en Irlande du Nord, et je suis revenu un mois avant le début des « évènements de Berlin » en RDA. Au moment de partir, j'ai parlé avec mes amis, et on s'est dit qu'aussi bien en Irlande qu'en Allemagne, il n'y aurait de réunification.* » Même son de cloche pour l'aîné Edmund Stoiber (71 ans), ancien leader de la CSU et dirigeant du Bayern Munich (voir RFA-France 1982, p. 12 et Allemagne-Grèce 2012, p. 90) : « *Le Mur a été construit en 1961, nous étions à l'époque treize ans après la construction de ce Mur. Personne n'imaginait une réunification. Peut-être qu'on le voulait, mais nous étions réalistes, et pour nous, c'était de l'ordre de l'impossible. En plus, la RDA était un membre important du COMECON et du Bloc de l'Est. C'était terrible, ce Mur. Imaginez la même chose entre l'Ouest et l'Est de la France.* »

Grosse erreur de jugement historique du jeune Dietrich et du vieux Edmund ! Il suffisait pourtant de bien ouvrir les yeux… C'était même pendant cette Coupe du Monde 74, le 26 juin au Niedersachsenstadion de Hanovre… Brésil-RDA… Coup franc plein axe pour le Brésil à 20 mètres des buts de Jürgen Croy à la 60e… Frappe foudroyante de Rivelino qui troue le « Mur » est-allemand… *Goooooooool* ! La ruse de *malandro* (filou brésilien) a parfaitement fonctionné : Zé Maria, placé au milieu du mur allemand, s'est soudainement baissé pour laisser passer le missile rivelinesque ! Une brèche dans la « muraille » qui annonçait une vérité historique prémonitoire : tous les murs finissent par s'écrouler un jour. Pauvres Est-Allemands autarciques, ignorants du grand Brésil et des ruses ravageuses sur ses mêmes coups francs perforateurs du Mundial 70…

Argentine - Angleterre
2-1

22 juin 1986
Estadio Azteca de Mexico (Mexique)

Quarts de finale de la Coupe du Monde 1986

Viveza & moonwalking. La «viveza», c'est l'art du vice argentin, de la triche. Un condiment indigeste infusé avec succès dans le foot local par Carlos Bilardo, du temps où il était joueur puis entraîneur de l'Estudiantes de la Plata, dans les années 60-70... Sur son premier but controversé contre les Anglais, le vice télépathique de son sélectionneur Bilardo semble avoir inspiré Diego, qui fait «main haute» sur les gringos, coupables d'avoir fait «main basse» sur les Malouines en 1982. Le deuxième but s'apparente plus à la sarabande de Thriller *de Michael Jackson (l'alter ego entertainer de Maradona dans les années 80), dont le clip* MTV *retourne encore tous les dance floors de la planète: Diego-Michael échappe aux défenseurs anglais, pauvres zombies écrasés de soleil! Pour marquer ce but en or contre l'Angleterre, Diego a réactivé sa mémoire vive: le 13 mai 1981, à Wembley, après un slalom identique, il avait échoué en tirant sur Shilton. En 1986, il a scoré en dribble final sur le gardien british. L'Albion vaincue, les Albiceleste cingleront vers la victoire finale (3-2 contre la RFA).*

C'est une des notules que j'avais écrites pour l'édition du Spécial Maradona du *So Foot* N° 50, de décembre 2007, pour la rubrique «Ses 10 dates». Un 22 juin 1986 mémorable pour *El pibe de oro*... Car rarement autre footballeur aura eu à assumer comme lui l'impact politico-sportif démesuré qu'il s'était lui-même infligé avant ce match : Argentine-Angleterre 86, c'est aussi Maradona face à lui-même... Tout commence pendant les hymnes. Durant le *God save the Queen*, Diego fixe de biais les Anglais alignés au garde-à-vous à sa gauche. Le regard... De la haine pure. Une impression renforcée par la présence, telle un porte-flingue protecteur, du massif gardien Nery Pumpido, à la droite de son capitaine : dans ses yeux également percent des pensées inavouables. Deux heures plus tard, avec la main de Dieu et le but du siècle, Diego Armando Maradona aura écrit l'histoire... Diego n'a jamais varié : ce match, il en avait fait une affaire vraiment personnelle, notamment du fait de la guerre des Malouines. Il l'avait déjà écrit dans son autobiographie (*Yo soy el Diego* – 2001) : «*C'était comme si nous avions battu un pays, et pas seulement une équipe de football. Bien qu'on ait dit avant ce match que le football n'avait rien à voir avec la guerre des Malouines, nous savions qu'"ils" avaient abattu beaucoup de jeunes Argentins comme des petits oiseaux. Ce match était donc une vengeance.*» Dans le film *Maradona par Kusturica* (2008), il évoquait à nouveau ce match. Un témoignage fort, entrecoupé d'images d'archives du conflit anglo-argentin : «*Nous, quand on parle du match contre l'Angleterre, on en parle de cette façon : nous, les joueurs, on représentait nos morts. Bien que ce soit des Argentins qui les aient envoyés à la mort. Les Anglais n'ont pas appuyé sur un bouton pour les tuer d'un coup... Notre objectif, c'était d'entrer sur le terrain et de jouer au ballon tout en ayant conscience que, si on sortait l'Angleterre, on gagnait la guerre du football. Voilà où on a puisé notre énergie. Quand j'ai crié après le but marqué de la main, j'avais l'impression d'avoir volé un portefeuille à un Anglais. Exactement ! J'avais eu cette malice-là.* » Toujours face à la caméra d'Emir, Diego enfonce le clou : « *Un jour ils ont voulu me présenter le Prince Charles d'Angleterre. Non ! Jamais je ne lui serrerai la main… Elle est trop tachée de sang… Jamais. Il voulait me connaître. Pas moi. Pas après les Malvinas. Non.* »

Les Malouines sont un archipel de l'Atlantique Sud, 200 îlots de terres glacées battues par les vents, à 500 km des côtes argentines. Découvertes au XVIe siècle par des navigateurs espagnols avant que les Britanniques ne les baptisent Falkland Islands, elles deviennent Malouines, au XVIIe siècle, après le bref passage de marins de Saint-Malo. L'Argentine, colonie espagnole devenue indépendante en 1816, reprend *las Malvinas*. Mais à partir de 1833, la Grande-Bretagne y débarquera des colons et y installera une garnison… Depuis, les Malouines sont anglaises, ce que contestera toujours l'Argentine : *Las Malvinas son argentinas !* (« Les Malouines sont argentines »), proclame invariablement une nation unanime… La guerre des Malouines remonte au printemps 1982. Pressée par une situation politico-sociale désastreuse, la junte du général Galtieri aux abois réactive le bon vieux nationalisme qui avait prolongé son bail avec la victoire au Mundial 78. Elle envoie donc, le 2 avril, 5 000 fusiliers marins commandés par l'amiral Carlos Büsser « reconquérir *las Malvinas* ». Quand la capitale Port Stanley tombe, Buenos Aires exulte dans la même liesse populaire que lors du triomphe au Mundial 78. Ce sera d'ailleurs au cri du slogan foot de 1978, « *vamos Argentina, vamos a ganar !* », que l'armée argentine combattra les troupes anglaises. Car trois jours après l'invasion des Falkland, c'est la guerre : Margaret Thatcher, Premier ministre d'alors, rompt les relations diplomatiques et envoie illico la Royal

Navy dans l'Atlantique Sud. Maggie, au fond du trou dans les sondages, a besoin elle aussi de redorer son blason avant les prochaines élections générales… Le 20 avril, le puissant corps expéditionnaire anglais débarque aux Falkland et, le 2 mai, Port Stanley est bombardé. Vaincus le 14 juin, les Argentins signent l'acte de reddition. La veille, l'équipe d'Argentine, secouée par la guerre en cours, a été défaite contre la Belgique pour son premier match de Coupe du monde en Espagne (0-1). L'excellent milieu Osvaldo Ardiles, qui a perdu un cousin aviateur, tué au combat, quittera précipitamment Tottenham à l'été pour le PSG à cause du climat anti-argentin. Le conflit a duré 72 jours et causé la mort de 255 Anglais et de 649 Argentins. Une guerre absurde, comme l'a caricaturée le grand écrivain argentin Jorge Luis Borges (« *Cette guerre, c'était l'histoire de deux chauves qui se battent pour un peigne* ») ? Pas exactement. Car un enjeu majeur peu connu a sous-tendu cet affrontement : le pétrole. Le sous-sol de l'archipel regorge de réserves estimées à environ 2,5 milliards de barils en 1991. Soit plus que les gisements de la mer du Nord, qui commencent à s'épuiser… Dans la foulée de son succès militaire, Thatcher convoquera, en juin 1983, les élections générales, qu'elle gagnera haut la main ! L'effet Falkland a été déterminant. Côté argentin, cette défaite assenée par une femme au pays du machisme signe la fin de la dictature : en 1983, Raul Alfonsin est démocratiquement élu président de la République. Mais Buenos Aires continuera de revendiquer encore sa souveraineté sur l'archipel. En vain…

Lorsqu'on a interrogé le défenseur argentin Oscar Ruggeri (24 ans au Mundial 86), en décembre dernier, il a d'abord manifesté son désir de ne pas s'étendre sur la guerre des Malouines : « *Ça a fait du mal à deux pays, l'Argentine et l'Angleterre. Il y a eu des morts et chacun pensait être dans son droit.*

La guerre ne devrait jamais exister. » Le reste de son témoignage restitue l'emprise charismatique de Maradona sur la rencontre : « *Le contexte des Malouines existait forcément. Chacun d'entre nous avait ce conflit dans la tête. Les médias n'arrêtaient pas d'en parler. Les gens aussi. Maradona aussi. Même si nous n'avions pas l'intention de recréer une guerre sur le terrain, inconsciemment, ça a joué dans notre état d'esprit. Les Malouines, c'était une agression faite au pays. Tout le monde en Argentine, je pense, voulait qu'on "leur" rende la monnaie de leur pièce sur le terrain. Mais il n'y avait pas non plus d'idée de revanche à proprement parler, on ne voulait faire de mal à personne. On voulait juste leur montrer qu'on était plus forts qu'eux : Bilardo n'a pas eu besoin de nous motiver pour ce match… Diego pensait peut-être puiser des forces "extra" en ayant l'esprit des défunts en tête, c'est possible. Diego, c'est un patriote, il aime son pays. Mais ce n'est pas un soldat. Et pourtant : il a fait connaître l'Argentine au monde entier grâce au football. C'est lui qui a médiatisé les Malouines, dont personne peut-être n'aurait jamais entendu parler. Par deux fois, Diego a marqué ce jour-là l'histoire de la Coupe du monde. Tout le monde ce jour-là a vécu un moment historique, les joueurs, les entraîneurs et le public. Tous ceux qui étaient là peuvent dire :* "J'y étais !" » Avant Mexico 86, des précédents fâcheux avaient déjà émaillé les relations foot argentino-britanniques, à commencer par les confrontations houleuses en Coupe intercontinentale. Après l'énergique Racing CA-Celtic Glasgow 1967 (1-0, 2-1, puis 1-0 à Montevideo en faveur du Racing), l'Estudiantes LP avait battu Manchester United après deux manches musclées en 1968 (1-0, 1-1). Mais c'est l'épisode Rattin, en Coupe du monde 66, qui avait durablement pourri le climat foot entre les deux pays. En quart de finale Angleterre-Argentine très engagé à Wembley, l'arbitre avait expulsé le colosse Rattin pour « langage violent » à son encontre. Le capitaine des *gauchos*, furax, ne quittera le terrain qu'après de très longues minutes de palabres et escorté par deux *policemen*. À 11 contre 10, l'Angleterre se qualifiera pour les demies (1-0). La réaction indignée du coach anglais Alf Ramsey envers les *Albiceleste* (« *qui se comportent comme des animaux* ») blessa l'opinion publique argentine. Elle y décela même le vieux « racisme » habituel des *Ingleses* à leur encontre. Car les deux pays partagent en effet un vieux passé commun, une histoire peu connue, dense… Prenons juste trois personnalités citées plus avant. L'amiral Carlos Büsser, qui commanda les troupes débarquées aux Falkland en avril 1982, était d'origine anglaise. Tout comme la mère de Raul Alfonsin, président de l'Argentine (1983-1989), née Ana María Foulkes. Enfin, le grand écrivain et poète Jorge Luis Borges avait une grand-mère d'origine anglaise…

Bien avant la guerre des Malouines, le piratage anglais des galions espagnols assena, dès le XVIe siècle, de rudes coups à l'empire colonial hispanique. « *Piratas* » est le mot péjoratif qui désigne encore les Anglais : une radio argentine moqua la blessure de Beckham avant le Mondial 2002 par « *maintenant ces "pirates" auront une bonne excuse quand ils perdront !* » Les Anglais surnomment trivialement les Argentins « *the Argies* »… L'histoire militaire a retenu aussi les deux tentatives d'invasion ratées de Buenos Aires par des petits contingents de la Royal Navy, en 1806 et 1807. Elles furent longtemps enseignées aux écoliers argentins comme deux grandes victoires patriotiques. Mais c'est surtout le développement économique du pays largement entrepris par les Britanniques, tout au long du XIXe siècle, qui a établi une proximité particulière entre les deux nations. « *Quasi filiale* », précise même Alejandro Valente, journaliste argentin à *France Football* et *RFI* : « *L'influence anglaise a été énorme dans la société argentine. Au XIXe siècle, avec le développement économique du pays, on disait : l'Argentine est la nouvelle Australie. Chemins de fer, routes, ports, puis plus tard, le téléphone et le métro… L'agriculture avec les céréales mondialement répandues et la viande argentine des fameux asados qui provient de races bovines écossaises ! L'Argentine a largement répondu aux besoins économiques de la Grande-Bretagne jusqu'à la crise de 1929, puis les échanges se sont nettement réduits quand elle est entrée dans la CEE.* » Hors Royaume-Uni, le seul magasin Harrods au monde se trouvait à Buenos Aires, la capitale, où il est également toujours du plus grand chic d'envoyer ses enfants étudier dans les prestigieuses « English schools » privées (Northlands, Saint Hilda's, Saint Andrew's). L'Argentine est de plus l'un des rares pays hors Commonwealth à s'adonner au « *El five o'clock tea* »… Ce tropisme *british* prononcé entretient une schizophrénie assumée des Argentins : celle de « vrais Européens » malencontreusement échoués en Amérique du Sud ! « *Vivimos en el culo del mundo* » (« *Nous vivons dans le cul du monde* »), plaisantent-ils. Un proverbe qui s'applique surtout au Porteño (habitant de Buenos Aires) dit même que « l'Argentin est un Italien qui parle espagnol, qui croit être un Français et aimerait être un Anglais ». L'Angleterre, phare du Vieux Continent, renverrait donc sans cesse l'Argentin à sa condition de citoyen européen très dévalué… Si on connaît bien la paternité ultra *british* de certains sports en Argentine (rugby, polo et les club-house très select), l'introduction du football là-bas, au XIXe siècle, révèle aussi les origines d'un autre complexe argentin très parlant. Interrogé sur le sujet, en 2002, par le grand reporter anglais John Carlin, l'ex capitaine de l'Argentine devenu journaliste Roberto Perfumo déclarait : « *Quand les Anglais des grandes compagnies industrielles et commerciales ont apporté ce sport ici, les populations locales ne pouvaient pas jouer avec eux !* » Watson Hutton, proviseur de la Saint Andrew's School de Buenos Aires, avait en effet créé le premier championnat « argentin », en 1891. Sauf que les « natifs » en étaient exclus : seuls des joueurs britanniques composaient les cinq équipes de cette *league* ! Par un processus de « développement séparé », les Argentins créeront ensuite leurs clubs avec un boom au début du XXe siècle (300 clubs en 1907)… Dans l'un de ses livres, *Jugar al football*, Roberto Perfumo y décrit ainsi le « syndrome de l'écolier révolté contre ses profs », soit une forme de complexe œdipien où l'enfant désire tuer ses parents… « *Depuis*, expose Perfumo, *la façon dont nous voyons les choses, c'est que les Anglais dégagent cette supériorité typiquement british mais ils savent qu'ils devront être au taquet s'ils veulent battre l'Argentine. Car pour nous, gagner contre l'Angleterre, c'est comme l'élève qui bat le maître.* » Perfumo raconte que, à chaque fois qu'il rencontre Bobby Charlton, ce dernier lui assure que pour les Anglais, l'Argentine demeure l'une des équipes les plus difficiles à jouer, « *et la raison, c'est que nous voulons vraiment, mais alors vraiment les battre ! Notre autre grand Clasico, c'est avec le Brésil, bien sûr. Mais l'Angleterre est d'une rivalité équivalente* ». Un autre ancien international argentin, l'attaquant Daniel Bertoni, va plus loin : « *L'Angleterre est le rival "classique" pour des raisons politiques et historiques, mais aussi parce que nous pensons que le football est notre sport* (sic) *et que, lorsque nous jouons les Anglais, nous tenons à l'affirmer, tout comme les Anglais le font également.* »

Le foot argentin, aux nombreux noms de clubs anglicisés (River Plate, Racing, Newell's Old Boys), parle *in english* de « corner », de « centro-forward » ou « wing » alors que dans d'autres pays, l'Espagne par exemple, le vocable footballistique est adapté à la langue locale… Mais les vacheries contre *los Ingleses*, « les Anglais », n'ont jamais tari ! Juan Perón, président populiste élu en 1946, entretenait dans ses discours le ressentiment anti-anglais né des rapports de domination économique et sociale subis par les locaux. Après la nationalisation des sociétés de chemin de fer british, l'Argentine battit pour la première fois l'Angleterre à Buenos Aires, en 1953 (3-1), ce qui fit exulter l'un de ses ministres : « *Nous avons nationalisé le chemin de fer, et maintenant, nous avons aussi nationalisé le football !* » Autre provoc : à l'occasion du Mundial 1978, un sticker représentait la mascotte Gauchito, le pied posé sur le Lion britannique. « *Qui ne saute pas est un Anglais !* » demeure toujours l'un des chants préférés des supporters *albiceleste*. Pour ne rien arranger, Perfumo insiste également sur le trop-plein de fierté patriotique investie par les deux nations dans leur équipe nationale de football ! Revenant sur l'Argentine-Angleterre de Mexico, ses sentiments revanchards parlent alors d'eux-mêmes : « *En 1986, gagner contre l'Angleterre nous suffisait : c'était notre but prioritaire. Gagner la Coupe du monde cette année était secondaire pour nous.* » Avec humour, Cesar Luis Menotti, sélectionneur des *Gauchos* champions du monde 78, révélera aussi à John Carlin la perversité de ses compatriotes à propos de la main de Dieu : « *Les gens disaient :* "Super" *! C'est mieux, beaucoup mieux que ce but fut injuste et cruel, parce qu'il a fait encore plus mal aux Anglais !* » Une abjection qu'Albion n'a évidemment jamais digérée. On se souvient de la réaction de feu Bobby Robson, le coach anglais de l'époque : « *Ce n'était pas la main de Dieu. C'était la main d'un salopard ("the hand of a rascal"). Dieu n'a rien à voir avec ça.* » En 2008, l'infortuné Terry Butcher, défenseur anglais dribblé par deux fois par Maradona sur le but du siècle, avait aussi la rancune tenace : « *Je n'ai pas de poupée de Maradona piquée d'aiguilles chez moi. Mais je ne lui pardonnerai jamais, parce que c'est moche de se faire sortir de la Coupe du monde comme ça. Après voir battu le Paraguay 3-0 au tour d'avant, on se disait tous :* "Cette année, c'est pour nous." « La main », c'est le souvenir immédiat qui jaillit chez tout Anglais, comme Darren Tulett : « *Même si je reconnais que les Anglais ne sont pas les champions du fair-play, nous avons quand même un certain sens du civisme qui reste en nous. Cette main de Maradona a quand même permis à l'Argentine de gagner. Il ne faut jamais* *oublier que le but merveilleux qu'il met ensuite survient juste trois minutes après cette tricherie !* (aux 51e et 54e, ndla) *Les joueurs anglais ont encore ce but de la main en travers de la gorge quand Maradona démarre en dribbles pour aller inscrire le deuxième but. C'est assez extraordinaire parce que l'un n'existe pas sans l'autre. Il me semble…* » Maradona fera la paix avec les Anglais (mais pas avec l'Angleterre). En 1995, invité à l'Université d'Oxford et questionné sur son but « manuel », il se fera ovationner après avoir répondu « *le temps guérit toutes les blessures* ». En janvier 2008, à nouveau de passage en Angleterre, il fera même un semblant de mea culpa : « *Si je pouvais m'excuser, retourner en arrière et changer l'histoire, je le ferais. Mais ce but reste un but, l'Argentine est devenue championne du monde et j'étais le meilleur joueur au monde. Je ne peux pas changer l'histoire.* » Ni l'Histoire : les Malouines sont désormais durablement anglaises ! Au début de l'année 2012, l'Angleterre y a commencé des forages pétroliers. La présidente de l'Argentine, Cristina Kirchner, qui avait déclaré « 2012, année des Malvinas », a protesté et en a même appelé à la grande solidarité latino-américaine. Fermeté inentamable de Cameron contre radicalité populiste de Kirchner (son nationalisme intransigeant est critiqué dans son pays) : la situation diplomatique est bloquée, sans compromis en vue. Un référendum d'autodétermination décidé par les autorités locales de l'île et appuyé par Londres est prévu pour 2013. Les Malvinas s'éloignent…

Dans son film *Maradona*, Emir Kusturica avait partiellement fait allusion à la guerre des Malouines pour illustrer les six séquences décrivant *the Goal of the Century* (« le But du siècle »). Avec le prince Charles, la reine Élisabeth, Tony Blair, Reagan et Bush Junior, Margaret Thatcher faisait partie des six personnalités politiques dribblées par Maradona en images de synthèse rigolotes. Six, comme les six joueurs anglais dribblés à Mexico : Beardsley, Reid, Butcher (deux fois), Fenwick et Shilton... Kusturica voue une admiration fascinée à celui dont il vante expressément la double dimension sportive et politique : « *Maradona, c'est aussi l'histoire de l'Amérique latine, dont il est le produit. Celle de la dictature militaire imposée par Henry Kissinger et d'autres, celle qui fait aujourd'hui que la majeure partie de ces Américains du Sud pensent l'inverse de ce que les Américains du Nord voulaient leur inculquer au départ.* » Pas faux... Même si Maradona est un animal politique déroutant. Ami de Fidel et de Chavez, fan du Che, il est aussi capable, en bon péroniste, de mêler ses intérêts personnels de droite avec des convictions de gauche. Il partage surtout, en effet, avec tous les Latino-Américains une même aversion pour les *gringos* dominateurs d'où qu'ils soient. Même avec le FC Napoli, en Europe, il les poursuivait de sa vindicte : « *Les Napolitains avaient la conviction que le Sud ne pouvait pas gagner contre le Nord. Impossible. On s'est déplacés pour aller jouer contre la Juve à Turin... Et on leur en a mis six ! Tu te rends compte : une équipe du Sud qui en met six à l'avoccato Agnelli ?* » Parce que Maradona, c'est l'autre Argentine, celle des *cabecitas negras* (« les petites têtes noires »), petits paysans pauvres et noirauds méprisés par les nantis de Buenos Aires. Au début du XXe siècle, les premiers clubs argentins excluaient les Argentins créoles ou indiens, *cabecitas negras*. En réaction à cette politique d'exclusion naquirent de très nombreux clubs ouverts à tous, souvent affublés de l'appellation « Argentinos ». Le premier club de Maradona était l'Argentinos Juniors, qui avait adopté à sa création les couleurs rouge et blanc du Parti socialiste argentin... Maradona, c'est aussi l'autre Amérique du Sud, celle des Amérindiens : ses parents viennent de la Province de Corrientes et son père a des origines indiennes du peuple guarani. Argentine-Angleterre, c'est donc aussi la revanche des *Indios*, comme l'est un peu Diego :

le match s'est disputé à midi, au zénith de l'astre solaire autrefois vénéré, avec en ombre aztèque un soleil noir étalé dans le rond central. La marque de la malédiction des Conquistadors, des *gringos*, des *Ingleses* ? Mais quelque part, ce ne sont peut-être ni l'Histoire, ni la politique qui ont inspiré Diego Armando Maradona, ce 22 juin 1986. Il y a autre chose. Comme la destinée de naître en Argentine, terre d'élection des plus grands footballeurs : Di Stefano, Maradona, Messi… Cette destinée élective a sans doute écrit l'histoire de cet Argentine-Angleterre, Diego n'a fait que tenir le stylo. Lui-même en convenait, sans vraiment s'en rendre compte, animé de la conviction inébranlable d'avoir été prédestiné à réaliser des exploits extraordinaires : « *Marquer un but devant 100 000 personnes, comme contre les Anglais, pour moi, c'était normal. Je suis né dans le football. Je savais très bien ce que j'allais devenir. Mais je ne savais pas que je deviendrais cocaïnomane… Je savais que je me marierais, que je fonderais une famille, que je parcourrais le monde, que je gagnerais la Coupe du monde, je l'avais dit à la télé, j'étais haut comme ça, à 8 ans : ça a été filmé.* »

Annexes, documentation

Sauf références déjà mentionnées dans les quinze chapitres, voici d'autres sources consultées :

1 - RFA - France 1982

- *So Foot* N° 37 d'octobre 2006 (Interview d'Harald Schumacher, par Pierre Koetschet et Jean-Noël Houtman)
- *France Football* du 3 mars 1998 (Témoignage Marius Trésor) et du 6 juillet 2012 spécial «*La légende de Séville 1982*» (ainsi que le DVD du match).
- *L'Équipe* du 8 juillet 2012 (Portrait de H. Schumacher, par Éric Champel).
- Blog d'Edouard Ohleyer («*France-Allemagne, bien plus qu'un simple match de football*» -2012)
- Jean-François Tournadre («*D'un Schumacher l'autre ou : Choumachère, Schumacher et Schumi*», Documents Société-2006)

2 - Italie – Tchécoslovaquie 1934

- L'excellent chapitre rédigé par Paul Dietschy, «*La coppa del Duce?*» in *Histoire politique des coupes du monde*, de P. Dietschy, Y. Gastaut et S. Mourlane aux Éditions Vuibert-2006)

3 - Celtic – Rangers 1980

- *L'Équipe* du 6 décembre 2012 («*Celtic: plus qu'un club, un peuple*», par Jean-Michel Rouet)
- *France Football* du France 3 mai 2011 («*Glasgow: Old Firm, la descente aux enfers*» par Philippe Auclair)
- *France Football* du 25 septembre 2012 («*Au cœur des Glasgow Rangers… Déchus mais vivants!*» par Thierry Marchand)

4 - Yougoslavie – Zaïre 1974

- Le chapitre «*Yougoslavie 9 – Zaïre 0 ou la fin du mobutisme footballistique*»» rédigé par -Paul Dietschy in *Histoire politique des coupes du monde*, de P. Dietschy, Y. Gastaut et S. Mourlane
- *France Football* du 16 juin 2006 («*La tragédie des Léopards du Zaïre*» de Frank Simon, article et témoignages)
- Film-documentaire *When we were Kings* (1996) sur le *Rumble in the Jungle* entre Ali et Foreman, réalisé par Leon Gast.
- Blog Mondomix.com – Samarra («*Histoire du Congo en musique 3: les années Mobutu*»)

5 - Real – Barça 1974

- *France Football* du 5 mars 2002 (interview de Raymond Kopa, par Denis Chaumier et Patrick Dessault)

- L'excellent numéro «Spécial Barça» de *L'Équipe-Mag* du 21 avril 2012 (historique du club et interview de Johan Cruyff, par Jean Issartel et David Espinar)
- *France Football* du 29 avril 1997 (Interview de Johan Cruyff, par Paco Aguilar)
- Site Up and down by TheWildBunch22 (*El Clasico Real Madrid – Barcelona 1974*)
- Chapitre «El gol de Marcelino a los rusos» du livre *El futbol durante la guerra civil y el franquismo* (Éditeur : Madrid, San Martín, D.L. - 1990), écrit par Carlos Fernandez Santander.

6 - Corée du Nord – Corée du Sud 2008 :
- Le chapitre «*Une coupe du monde pour deux ennemis : Corée-Japon 2002*» rédigé par Stéphane Mourlane in *Histoire politique des coupes du monde*, de P. Dietschy, Y. Gastaut et S. Mourlane
- Site Slate.fr («*La révolution nord-coréenne appliquée au foot*», de Marc de Boni)

7 - USA – Iran 1998 :
- Le chapitre «États-Unis-Iran, en finir avec le 'choc des civilisations? –Juin 1998», rédigé par Yvan Gastaut in *Histoire politique des coupes du monde*, de P. Dietschy, Y. Gastaut et S. Mourlane
- *Le Monde* du 22 juin 1998 (Interview d'Alexi Lalas)
- Site FourFourTwo.com du 2 juin 2010 («*98: The most politically charged game in World Cup history*» par Neil Billingham)

8 - Allemagne - Grèce 2012:
- Leparisien.fr du 19 juin 2012 («*Euro : Grèce et Allemagne s'affrontent pour le 'derby de la dette'*»)
- *L'Équipe* du 18 juin 2012 (« *Vu de Grèce… Amenez-nous Merkel!*», par Emmanuel Bojan)
- *L'Équipe* du 22 juin 2012 (Interview de Fernando Santos)

9 - Roumanie - Algérie FLN 1959:
- *France Football* du 2 octobre 2001 («*Algérie 1958, une équipe est née*», par Jean-Philippe Bouchard)
- Film documentaire «*Les rebelles du foot*» (13 Productions, Canto Bros, Arte France - 2012), réalisé par Gilles Perez et Gilles Rof (Récit de Rachid Mekhloufi et équipe du FLN)

10 - Chili - URSS 1973:
- Film documentaire «*Les rebelles du foot*» (13 Productions, Canto Bros, Arte France - 2012), réalisé par Gilles Perez et Gilles Rof (Récit-témoignage de Carlos Caszely)
- *France Football* du 30 juin 2006 («*Elias Figueroa : au nom des siens*», par Olivier Desprin)
- *So Foot* N° 60 de novembre 2008 «Spécial USA» (*Henry A. Kissinger, Dr Folamour*, par Brieux Férot)
- Paul Dietschy *Histoire du football*, Paris, Éditions Perrin (Pour l'Histoire), avril 2010
- Site Curiosidadesdelfutbol.worpress.com («*Chile – URSS (1973) : el partido fantasma*»)
- Site Guioteca.com du 26 mai 2011 («*Chile vs URSS 1973 : El partido de los valientes*» par Ignacio Gonzalez)

11 - Honduras - Salvador 1969 :
J'ai volontairement choisi de mettre en annexe tous les témoignages figurant dans ce chapitre.
Les deux sources principales sont :
- *So Foot* N° 42 de mars 2007 (« *La guerre du foot n'a pas eu lieu* », par Thomas Goubin et Javier Prieto Santos)
- *L'Équipe Mag* N° 1515 du 30 juillet 2011 (« *La 'guerre du foot' n'a pas eu lieu* », par Christophe Larcher)
- L'excellente émission de Patrick Pesnot sur France-Inter, « Rendez-vous avec X » (Dossier « *La Guerre du Foot, Honduras et Salvador 1969* », diffusé le 7 octobre 2006)
… et *L'Oreille cassée* de Hergé (Éditions Casterman)

12 - Dinamo Zagreb - Étoile Rouge de Belgrade 1990 :
- Livre « *C'était de Gaulle* » - (1994-2000), par Alain Peyrefitte
- *So Foot* N° 74 de mars 2010 (Légende Etoile Rouge de Belgrade 1991, « *Belle gueule Belgrade* », par Gauthier de Hoym)
- *So Foot* N° 89 de septembre 2011 (Interview de Sinisa Mihajlovic, par Lucas Duvernet-Coppola et Stéphane Régy)
- *So Foot* N° 37 d'octobre 2006 (Légende Dinamo Zagreb 1990, « *Dinamo Zagreb, l'étincelle croate* », par Jean Damien Lesay)
- Film documentaire *Les rebelles du foot* (13 Productions, Canto Bros, Arte France - 2012), réalisé par Gilles Perez et Gilles Rof (Récit-témoignage de Predrag Pasic)
- *France Football* du 10 mars 1998 (Interview croisée Boban-Savicevic, par Roberto Notarianni)
- Site Bigsoccer.com du 9 mai 2012 (Interview de Zvonimir Boban, par Gilbertsson)

- *Le Progrès* du 15 septembre 2012 (Interview Dejan Lovren)
- Revue *Positif* (Interview Emir Kusturica)
- Film *La vie est un miracle* d'Emir Kusturicka (2004)

13 - France – Algérie 2001 :
- *France Football* du 2 octobre 2001, du 5 octobre (« *Une génération en or* », par Vincent Villa), du 9 octobre (« *Une histoire sans fin* », par P. Dessault, A. Ramsay, P. Sowden et V. Villa) et du 16 octobre (« *France-Algérie, un match qui fait débat* »)
- *L'Équipe* du 8 octobre 2001 (Interview de Lilian Thuram)
- *So Foot* N° 51 du 28 février 2008 (« *Les retrouvailles* », dialogue entre L. Thuram et M. NDiaye par C. Ghemmour, J. Prieto Santos et T. Goubin) ainsi que l'article *L'Équipe de toute la France ?* de C. Ghemmour, Javier Prieto Santos, Thomas Goubin et Joachim Barbier
- Le très bon dossier d'Yvan Gastaut (« *Le sport comme révélateur des ambiguïtés du processus d'intégration des populations immigrées - Le cas du match de football France-Algérie* » in *Sociétés contemporaines*, 2008/1 n° 69, p. 49-71. DOI : 10.3917/soco.069.00499). Analyse approfondie de l'événement et revue de presse très complète autour du match.
- Livre *Histoire secrète des Bleus 1993-2002* (Flammarion-2002), par Karim Nedjari et Éric Maitrot.

14 - RDA – RFA 1974 :
- *France Football* du 23 juin 2006 (« *Quand l'Allemagne voit double* », de Benoît Heimermann et François-Guillaume Lorrain)

- Le chapitre « Le match des frères ennemis RFA-RDA 1974 » rédigé par Stéphane Mourlane in *Histoire politique des coupes du monde* de P. Dietschy, Y. Gastaut et S. Mourlane
- Le site Fifa.com in *Classic football* (interviews de F. Beckenbauer, G. Müller et P. Breitner) et Fifa.com in *Clubs et sélections* (décès de Georg Buschner, 12 février 2007)

15 - Argentine - Angleterre 1986 :

- *So Foot* N° 50 de décembre 2007 « Spécial Maradona » (beaucoup de choses…)
- Film DVD *Maradona par Kusturica* - 2008
- Autobiographie *Moi, Diego* - 2001, Éditions Calmann-Lévy
- « Rendez-vous avec X » sur France-Inter (Dossiers *La dictature argentine* du 2 octobre 2010 et *La Guerre des Malouines* du 13 avril 2002 et du 17 mars 2012).
- Site The Guardian.co.uk du 25 février 2002 (*The conflict lives on* de l'excellent Simon Kuper), et du 19 mai 2002 (*England vs Argentina – A history*, de l'excellent John Carlin)
- Site Thesun.co.uk du 31 janvier 2008 (*Maradona: I hold my hands up*, par Tom Wells)
- Site Dailyrecord.co.uk du 18 novmebre 2008 (*Terry Butcher : Maradona robbed England of World Cup glory*, par David Mc Carthy)
- Site Libération.fr du 2 juin 2006 (*Maradona est le dernier grand architecte du football*, interview d'Emir Kusturica par Olivier Villepreux)

Remerciements

Flo Sanchez, Daniel Riolo et Hugo & Co. Michel Naït-Challal et Xavier Barret (L'Équipe Mag). Frank Simon, Alejandro Valente, Roberto Notarianni, Alexis Menuge et Philippe Auclair (France Football). Thibaud Leplat (Pour Real-Barça 74), Gilles Rof (13 Productions), Polo Breitner (RMC), Joachim Gettler, Faruk Hadzibegic, Paul Dietschy, Kevin Mc Carra, Mwepu Ilunga, Kyo-chan Koo, Carlos Quezada, Luis Hernan Gomez Larenas, Renaud Dély, Stéphane Beaud, Philippe Guimard, Rebecca Denantes (France Inter), Valérie Robert (Université Sorbonne).

Toute la bande de So Foot (god bless you all !), et particulièrement Javier Prieto-Santos, Thomas Goubin, Sébastien Prieto, Pablo Garcia-Fons, Mélanie Brun, Mathias Edwards, Stéphane Régy, Ali Fahrat, Marc Beaugé, Jean-Damien Lesay, Pierre Koetschett, Simon Capelli-Welter, Brieux Férot, Dave Appadoo, Thomas Pitrel, King Martov.

L'école de la République.